CAPITAINE BROSSELARD-FAIDHERBE

Casamance
ET
Mellacorée

PÉNÉTRATION AU SOUDAN

PARIS
A LA LIBRAIRIE ILLUSTRÉE
ET AUX BUREAUX DU « JOURNAL DES VOYAGES »
8, RUE SAINT-JOSEPH, 8

Casamance et Mellacorée

LE CAPITAINE BROSSELARD-FAIDHERBE

D'après le dessin au crayon d'ADRIEN MARIE.

CAPITAINE BROSSELARD-FAIDHERBE

Casamance

ET

Mellacorée

PÉNÉTRATION AU SOUDAN

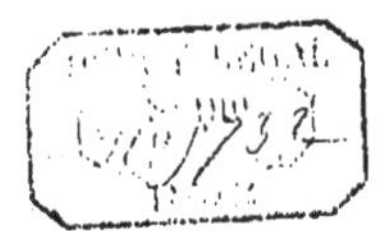

PARIS
A LA LIBRAIRIE ILLUSTRÉE
ET AUX BUREAUX DU JOURNAL DES VOYAGES
8, RUE SAINT-JOSEPH, 8

LA CASAMANCE

AVANT-PROPOS

Ce n'est point un récit rempli d'aventures qui font frémir que je me propose d'entreprendre ici ; en effet, depuis plus de douze années que je parcours l'Afrique, tantôt dans le Sahara, tantôt dans le Soudan, tantôt même dans les régions les plus sauvages, et dans les plus inextricables forêts de la côte d'Afrique, je n'ai jamais eu occasion d'assister aux scènes d'horreur trop volontiers décrites par les voyageurs, et n'ai pas eu la chance d'avoir à vaincre et à surmonter les dangers imaginaires que j'avais entrevus jadis dans mes rêves et dans mon enthousiasme de jeune officier, avide que j'étais de pouvoir marcher sur les traces des héroïques aïeux.

Ni les Touaregs auxquels j'ai pu, par un privilège encore assez rare, offrir l'hospitalité sous ma tente, pendant la mission Flatters, ni les Bédouins dont j'ai dû parfois me garer pendant l'insurrection du Sud Oranais, ni la fièvre, la terrible fièvre, — cet invisible ennemi qui ravageait de son souffle empoisonné les cadres si vaillants de la colonne avec laquelle je marchais dans le Soudan en 1881, — ni les marigots tortueux et silencieux, ces repaires des fangeux sauriens, que j'ai méthodiquement fouillés sur tant de points de la côte d'Afrique, ni les tribus à demi sauvages avec lesquelles j'ai pris contact en m'enfonçant dans de sombres forêts dont je voulais percer le mystère, ni les armées de Samory qui dernièrement ont arrêté ma marche sur le Niger, n'ont pu procurer à mon cœur avide d'aventures, la pâture qu'il convoitait si ardemment.

Aussi, sous l'effort d'un scepticisme croissant, mon imagination s'est-elle mise à la recherche d'émotions différentes, en se concentrant dans la contemplation de la belle nature africaine. L'examen analytique de ce grand spectacle ne tarda pas à me révéler des charmes auxquels je n'avais guère jusqu'alors prêté qu'une attention furtive, aux heures de mes premières enjambées d'explorateur. Dans la contemplation de la nature, mon jugement s'est ouvert plus grand aux idées de progrès. Reporté par mes pensées et mes recherches vers le passé, scrutant en toute occasion la réalité du présent, j'ai pu à mes heures de rêves, ayant acquis l'intuition de l'un et la notion de l'autre, entrevoir ce que sera peut-être l'avenir, pour les régions où je vais m'efforcer de transporter le lecteur.

COUP D'ŒIL SUR LA CASAMANCE

QUELQUES MOTS SUR LA GÉOGRAPHIE DE LA COTE D'AFRIQUE ET SUR SON PASSÉ HISTORIQUE.

On appelait autrefois d'un nom générique (Rivières du Sud) toute la région qui comprend la Gambie, la Casamance, la Guinée portugaise et la nouvelle colonie de la Guinée française. Dans ces dernières années, grâce aux missions dont j'ai été chargé, je me suis trouvé à même d'étudier tout particulièrement ces diverses régions.

Carte d'ensemble de la région dite des Rivières du Sud.

La Casamance, dont je me contenterai de parler dans ce récit, et qui fait partie du groupe que je viens de définir, est comprise entre le 12e et le 13e degré de latitude nord; elle a rang parmi les rivières qui s'échappent du plateau du Fouta-Djallon vers la mer, s'y dirigeant presque en ligne droite de l'est à l'ouest. L'ensemble des bassins de ces rivières est limité au nord, à l'est et au sud par les bassins de la Gambie et de la grande Scarcie qui prennent leur source dans le même nœud orographique du Fouta-Djallon et se dirigent vers la mer en décrivant des arcs de cercle en sens inverse l'une de l'autre. Les rivières qui font partie de ce groupe, — et qui n'ont été révélées que par les récentes explorations auxquelles j'ai quelque peu contribué, — sont, après la Casamance, le rio Cachéo, le Geba, le Kroubal, le rio Compony, le rio Pongo, le rio Nunez, la Dubreka et la Mellacorée. Plusieurs de ces rivières débouchent dans l'Océan à hauteur de l'archipel des Bissagos. Bien que la longueur du parcours de tous ces fleuves, accessibles aux navires européens, ne dépasse pas une moyenne de 30 à 40 lieues, l'importance de ces chemins, ouverts sur les régions centrales de l'Afrique, apparaît au premier coup d'œil. Elle semble avoir été dédaignée, sinon incomprise jusqu'à ces derniers temps. Plusieurs causes ont contribué à cette indifférence : d'abord la réputation trop exagérée d'insalubrité acquise à tous ces pays, vastes plaines d'alluvions parfois marécageuses, et coupées de canaux sans nombre, que bordent le plus souvent d'impénétrables ceintures de mangliers et de palétuviers; les périls d'une navigation parfois difficile, surtout dans les passes des Bissagos qu'agitent des courants à chaque instant variables, et au milieu des écueils mouvants qui, sous le nom de barres, ferment l'entrée de quelques-unes de ces rivières; mais aujourd'hui l'usage des navires à vapeur et le balisage remédient en grande partie à ces difficultés.

Autrefois encore, les prétentions exagérées du Portugal à la domination exclusive de ces pays, prétentions contre lesquelles aucun gouvernement européen ne pensa pendant longtemps à protester, contribuèrent à brider l'initiative officielle et privée. Aussi, les conventions récentes dues à la haute sagesse de nos gouvernants, et qui ont eu pour résultat de délimiter nettement les territoires portugais et français, ont été, dans nos possessions de la Casamance et des Rivières du Sud, le signal d'un mouvement considérable d'entreprises, qui se constate aujourd'hui par des chiffres. Le mouvement commercial, qui n'était en effet, dans les Rivières du Sud, que de 6 millions lorsque, en 1887, je procédais, en qualité de commissaire du Gouvernement, à la délimitation de la Guinée portugaise, a atteint, en 1890, 9 millions et, en 1891, 12 millions!

D'autre part, en Casamance, une compagnie de création récente, soutenue par d'importants capitaux, est parvenue à grouper les magnifiques établissements commerciaux de cette région, et est actuellement entrée dans une voie de progrès qui aura pour résultat de faire de cette merveilleuse région un des pays les plus riches et les plus productifs de la côte d'Afrique.

Les possessions portugaises, constituées depuis quinze ans en colonie autonome avec le nom de Guinée, ne formaient autrefois qu'une subdivision de la capitainerie générale des îles du Cap-Vert. La capitale, transportée maintenant dans l'île de Boulam, s'élevait alors sur la rive du Geba, à Bissao, et cette forteresse d'un autre âge avait pour mission de faire respecter la navigation intérieure du rio Cachéo et du Geba aux navires étrangers. Quelques forteresses démantelées, la priorité douteuse de la découverte, enfin le bref singulier par lequel le monde avait été partagé entre deux monarques européens, étaient les bases sur lesquelles reposaient il y a quelques années les prétentions du Portugal. Grâce à ces prétentions et surtout à l'impuissance du gouvernement portugais, tous ces pays étaient autrefois d'actifs foyers de traite; seuls les négriers possédaient le secret des passes dangereuses de ces rivières, et osaient s'y aventurer à la recherche de leurs cargaisons humaines. Quant aux richesses du sol qu'eût fécondées le commerce légitime, on sait que la traite a pour conséquence fatale de les annihiler partout, aussi bien que d'apporter aux populations qui s'y livrent le germe de la dégradation et de l'abrutissement les plus abjects. Les Sousous, les Papels, les Landoumans, les Nalous, les Ballantes, toutes ces races que les conquérants Peuhls du Fouta-Djallon chassent devant eux et qu'ils refoulent vers la mer, étaient les principaux courtiers et aussi les principales victimes de cet odieux trafic. Tous justifiaient cette assertion par leur ignorance, leurs superstitions grossières, leurs habitudes de pirateries, de vols et de brigandages, leur abandon grossier aux plus honteuses passions de l'humanité. Qu'un tel état de choses eût été dû à la traite des noirs, cela est d'autant moins douteux que tous ces peuples, sous l'influence nouvelle qui prédomine aujourd'hui dans ces pays, sortent rapidement de cet état de torpeur et de dégradation qui est déjà aujourd'hui tout à fait exceptionnel.

On vit s'accomplir une première fois une transformation rapide dans les relations de ces peuples avec les Européens, lorsque les deux grandes puissances de l'Occident résolurent l'abolition de la traite, et cette transformation produisit une révolution analogue dans les mœurs locales.

Malgré les protestations de la cour de Lisbonne, les prétentions du Portugal furent réduites à leur juste valeur. Toutes les rivières furent fermées aux négriers que les croiseurs anglo-français traquèrent sans miséricorde et sans trêve, et s'ouvrirent alors aux navires de tous les pays qui cherchaient, dans l'échange des produits manufacturés de l'Europe contre les productions naturelles de l'Afrique, de légitimes avantages. Partout s'élevèrent des factoreries à la place des baracons où venaient autrefois s'entasser des milliers d'esclaves. Telles furent la rapidité, la sûreté des mesures prises, que la traite était déjà impossible sur la côte alors que les expéditions de l'intérieur se continuaient encore. Des caravanes d'esclaves arrivaient au marché de Zighinchor en Casamance, de Kakandi dans le rio Nunez, dans les escales de tous les fleuves, et nul aventurier, nul marchand de bois d'ébène n'osait les acheter, même à vil prix, tant la surveillance des croiseurs était active, tant les lieux de débarquement étaient bien gardés, tant les négriers étaient sûrs de voir leur passage intercepté vers les grands marchés du Brésil, des Antilles espagnoles, des États à esclaves de la Confédération américaine. Les golfes de Bénin et de Biaffra, les côtes ouest de l'Afrique australe, où une surveillance aussi grande était impossible, devinrent désormais le théâtre de leurs coupables entreprises.

Cette révolution pouvait devenir, comme tant de fois à Wydah, à Jack-Jack, à Petit-Popo, à Lagos, l'arrêt de mort de ces malheureux captifs pour lesquels aucun acheteur ne se présentait. Les démarches, les conseils, la noble initiative d'un obscur traitant prévinrent un aussi déplorable résultat. Grâce à l'influence qu'il exerçait sur les chefs indigènes, ces esclaves furent employés à la culture de l'arachide.

Cette graine précieuse commençait à être appréciée sur nos marchés industriels, et il était facile de deviner le rôle important que lui réservait l'avenir. Le premier essai de cette culture produisit 2,000 tonnes, mais le mouvement commercial de la récolte de tous les rios, pour l'année 1859, dépassait déjà 8 millions de francs pour une récolte de 30,000 tonnes ; actuellement ces mêmes rivières ont une production moyenne annuelle de près de 100,000 tonnes, représentant une valeur de plus de 25 millions de francs [1]. Cette vigoureuse impulsion, due à une pensée généreuse et féconde, n'a pas cessé d'entraîner, en les relevant de l'abjection où la traite les tenait plongées, les populations riveraines. La traite parmi elles est devenue impossible, et les chefs de tribus comprennent mieux, de jour en jour, les richesses assurées du travail.

C'est à l'initiative de nos négociants qu'est due cette heureuse transformation. L'indigène, qui sait aujourd'hui que l'agriculture lui assure le bien-être et la richesse, s'y adonne avec ardeur et goût : aussi est-il devenu possible de le pousser à entreprendre des cultures variées et riches. Les essais tentés sur divers points ont été assez concluants pour que des sociétés naissantes, au premier rang desquelles il faut mettre la Compagnie de la Casamance, se soient donné pour mission de consacrer une partie de leurs efforts et de leurs moyens d'action à créer de vastes domaines agricoles.

Aujourd'hui, dans ces régions, la paix la plus profonde est assurée pour toujours; les commerçants ne sont plus obligés de se confiner dans leurs factoreries à l'abri de leurs épaisses murailles crénelées, citadelles commerciales qu'on élevait autrefois dans les endroits où l'importance de la traite nécessitait la création d'un établissement européen. C'est qu'en effet aujourd'hui il n'y a plus place pour les aventuriers sur la côte d'Afrique, et les commerçants, depuis longtemps, ne se recrutent plus que parmi les hommes élevés par le caractère, qui, plaçant dans le travail et le respect absolu de la justice la sauvegarde de leurs intérêts et les gages de réussite de leurs entreprises, ont assuré pour toujours la conquête pacifique de ces régions de la côte d'Afrique.

Les luttes, les querelles, les conflits avec les populations indigènes, — et aussi de leur part de sanglantes représailles, des vengeances longtemps différées, mais qui, après avoir attendu leur heure pendant des années entières, éclataient tout à coup alors que l'origine en était oubliée, et au milieu d'une paix profonde, — avaient toujours pour origine les actes odieux de traitants, gens sans aveu, qui, poussés par l'âpreté et l'avidité, demandaient trop souvent

1. Cette production en arachide se répartit de la façon suivante :

Sénégal	40,000	tonnes.
Gambie	25,000	—
Casamance	6,000	—
Guinée portugaise	10,000	—
Guinée française	10,000	—
Sierra-Leone	10,000	—
	101,000	tonnes en chiffre rond.

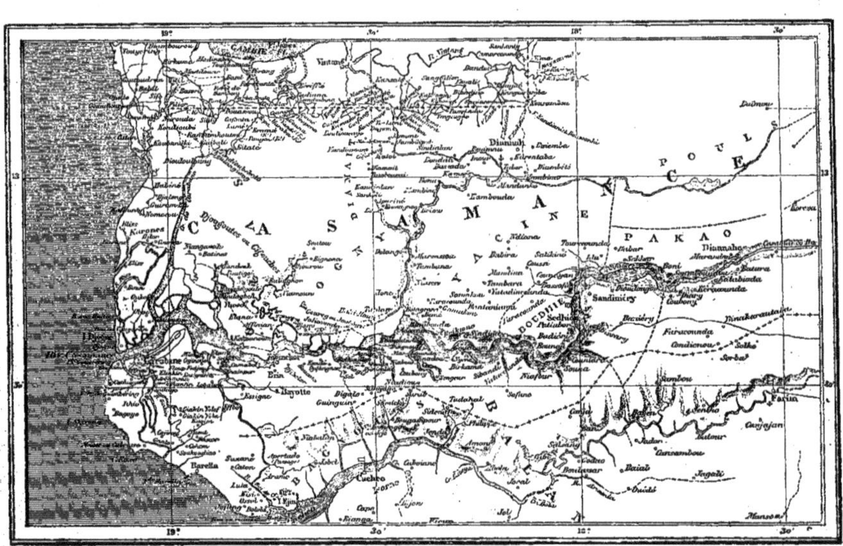

Carte de la Casamance, échelle de $\frac{1}{1\,000\,000}$, d'après les travaux du capitaine Brosselard-Faidherbe.

la réalisation de leurs espérances à la force, à la fraude, aux transactions les plus déloyales.

De toutes les rivières que nous avons nommées, la Casamance est une de celles qui, depuis quarante ans, sont entrées dans la voie commerciale et la voie du progrès de la façon la plus méthodique et la plus sûre.

De magnifiques établissements commerciaux y ont été élevés; l'agriculture, l'industrie indigènes s'y sont développées, et ce premier pas dans la voie certaine du progrès vient d'être affirmé par la création d'une compagnie qui, groupant

Habitation indigène en Casamance.

l'œuvre de ses courageux devanciers, dispose actuellement des éléments indispensables à l'accomplissement de nouvelles et vastes conceptions.

Il est vrai que la Casamance est sans contredit une des plus séduisantes de ces régions dont nous venons de parler; elle est d'ailleurs d'un parcours facile, car elle est sillonnée de larges nappes d'eau où la navigation à la voile est possible : aussi les communications commerciales sont-elles économiques dans ce vaste delta, dont la carte présente un aspect comparable à celui des deltas du Nil ou du Tonkin.

Lorsqu'on navigue sur les marigots de ce vaste réseau fluvial, les rives se présentent sous un aspect varié et pittoresque; les villages que l'on entrevoit sont enfouis sous de frais ombrages qui défient l'implacable soleil intertropical; aussi sont-ils d'un séjour agréable, et grâce aux arbres fruitiers qui poussent dans les vergers, et aux champs de culture entretenus dans le voisinage, ils assurent des ressources abondantes à la vie. Au milieu de cette nature encore vierge, se dressent, sur plusieurs points, des habitations européennes qui ont l'aspect de belles villas et où se rencontre tout le confort désirable.

Cette région que je viens d'esquisser mérite un examen plus attentif ; je me propose de le faire, en m'aidant de nombreux dessins reproduits d'après des photographies.

DE PARIS EN CASAMANCE

L'ENTRÉE DE LA RIVIÈRE, SON ASPECT. — CARABANE. — LES HABITANTS ET LEURS FÉTICHES.

Pour se rendre de France en Casamance, il faut gagner le port de Dakar. Quatre lignes de paquebots assurent chaque mois cinq à six départs et autant de retours[1].

Itinéraire de France en Casamance.

En sept ou huit jours on fait la traversée de Marseille ou de Bordeaux à Dakar.

Suivant les lignes, la traversée est coupée par les escales de Lisbonne, d'Oran, de Gibraltar ou des îles Canaries.

A Dakar, plusieurs hôtels sont ouverts. Le principal est de création récente et offre un réel confortable.

Pour se rendre de Dakar en Casamance, il est avantageux de prendre passage à bord du *Dakar*, caboteur à vapeur qui dessert dix fois par an les escales de la côte entre Saint-Louis et Sierra-Leone.

A défaut du *Dakar* on peut prendre passage sur une goélette ou un côtre de la Compagnie de la Casamance, et comme il n'y a que 120 milles à franchir, si la brise est favorable, en 15 heures on est rendu à l'embouchure de la rivière.

1. *Services postaux :* Messageries maritimes, de Bordeaux, le 5 et le 20 de chaque mois ;
Chargeurs-Réunis, du Havre, le 5 de chaque mois ;
Fraissinet et Cie, alternativement, le 15 d'un mois et le 25 du mois suivant.
Services libres : Transports maritimes de Marseille, au moins une fois par mois.
Maurel et H. Prom, de Bordeaux, une fois par mois.
Compagnie Française de l'Afrique occidentale, Buhan et Tessaire, Devès et Chaumet.
Il y a en outre plusieurs lignes étrangères anglaises, allemandes, portugaises et espagnoles.
Le vapeur *Le Dakar*, de la Compagnie de cabotage à vapeur, fait un service mensuel de Dakar à Carabane, aux Rivières du Sud et à Sierra-Leone.

Plusieurs fois par an on peut profiter du voyage des vapeurs qui vont porter des marchandises ou chercher des produits aux escales de la Compagnie commerciale et agricole de la Casamance et qui, à l'aller comme au retour, font toujours escale à Dakar.

Si l'arrivée dans le grand port du Sénégal concorde avec le départ d'un bateau pour la Casamance, en moins de dix jours un Parisien peut donc s'y rendre, et son voyage est coupé de trois en trois jours par les escales ; cette

Pont d'une goélette de la Compagnie de la Casamance.

belle et riche région intertropicale est donc plus rapprochée de Paris que ne l'était l'Algérie de la capitale, il y a à peine cinquante ans.

Rendus à l'entrée de la Casamance, les navires prennent ordinairement la petite passe du Nord, car la grande nécessiterait un balisage pour offrir plus de sécurité.

Un poste de pilote est établi à la pointe Djogué, et dès qu'un navire se présente une pirogue amène à bord le pilote.

Avant de pénétrer dans l'estuaire de la rivière, l'aspect est déjà riant et du meilleur augure.

Au nord, c'est la pointe Djogué, avec ses palmiers qui viennent baigner jusque dans la mer ; et les vagues d'un vert émeraude viennent briser mollement sur une longue plage de sable dont la blancheur est rendue plus éclatante par la vive lumière; au sud, le feuillage des hautes et épaisses futaies de la pointe de Guimbering limite l'horizon.

On entrevoit déjà l'île de Carabane. Sous l'effet du mirage, elle semble suspendue entre le ciel et les eaux dont les tons se confondent dans une lumineuse clarté. Des constructions, qui ne se devinent pas au premier abord, prennent un aspect fantastique; bientôt l'œil perçoit mieux, car le navire se rapproche: c'est d'abord le grand wharf de 116 mètres construit récemment par la Compagnie; puis le poste de Carabane, qui se signale par la blancheur de ses murs; l'intérieur de la galerie en pleine ombre, dessine la claire silhouette des arcades, qui se détachent nettement.

L'aspect de l'ensemble de Carabane se complète peu à peu et l'on

La pointe Djogué.

distingue le grand établissement de la Compagnie, ancienne factorerie construite en 1840 par Bocandé, et qui était devenue plus tard la propriété de la maison Maurel et Prom. Devant cet établissement, un second wharf permet encore aux navires d'accoster; des benteniers bordent cette partie de la rive. Au delà se profile la gracieuse factorerie construite récemment par la Compagnie. Grâce à ses hautes colonnes de roniers qui supportent de larges vérandas, sa silhouette est pleine d'élégance. Le grand wharf qui s'allonge devant cet établissement permet l'accostage aux plus grands navires susceptibles d'entrer en Casamance.

L'île de Carabane fut occupée en 1836; la France avait d'abord acquis, en 1828, l'île de Djogué et les terres nécessaires à l'établissement d'un comptoir chez les Fouloups de Brin.

Le sol, qui est de formation géologique récente, est élevé d'un mètre à peine au-dessus du niveau de la mer; et, sur ce banc de sable et d'alluvion, le village indigène s'étend derrière les factoreries. Les habitants qu'on y rencontre sont venus des pays voisins, attirés vers ce centre d'activité et de commerce.

Cette première escale de la rivière est la résidence de l'administrateur de la basse Casamance; le poste de la douane y est également établi.

Les pères du Saint-Esprit entretiennent sur ce point un petit établissement et une chapelle. Aussi Carabane, avec ses fonctionnaires, ses ministres du culte

Le plus grand appontement de la côte d'Afrique construit par la Compagnie de la Casamance à Carabane.

et ses nombreux agents européens et créoles attachés à la Compagnie, a-t-il la vie d'une petite colonie naissante.

Isolé que l'on est au milieu des eaux sur un banc de sable où pousse une maigre végétation, — et où les cocotiers seuls sont susceptibles d'une belle venue, ainsi que l'on en peut juger par les essais concluants qui y ont été faits, — on ne peut encore se douter que l'on a pris pied dans un pays qui a l'aspect particulier aux belles régions intertropicales. Aussi la surprise est-elle grande, si l'on ne s'attarde pas à cette escale forcée de l'embouchure, et si l'on remonte quelque peu la rivière, de se trouver transporté, à quelques jours de la France que l'on vient de quitter, au milieu d'une luxuriante végétation tropicale qui resplendit sous un ciel éclatant de lumière. On se trouve dans un Brésil africain qui n'est, ainsi que nous l'avons déjà fait remarquer, qu'à dix jours de Paris où l'on a peut-être laissé quelques jours auparavant un ciel brumeux ou un sol glacé. N'est-ce pas un grand privilège pour une colonie que d'être aussi rapprochée de la mère patrie? Aussi peut-on augurer que, malgré tous les perfectionnements qui pourront être apportés avec le temps à la rapidité des communications sur les lignes du monde, la Casamance sera toujours, de toutes les colonies qui bénéficient de leur situation intertropicale, la plus privilégiée sous le rapport des communications avec l'Europe.

Factorerie n° 2 de la Compagnie de la Casamance à Carabane.

Malgré la fréquentation des Européens, les habitants de Carabane conservent les usages stupides de sorcellerie particuliers aux populations fétichistes des environs. Ils les appliquent en toute circonstance, et dans ces cérémonies innocentes les fétiches jouent un grand rôle.

C'est ainsi que lorsque la pluie ne tombe pas au gré de ces indigènes, qui surveillent alors d'un œil inquiet leurs rizières, les femmes se rassemblent en bandes et parcourent l'île en dansant et criant. Si le temps ne change pas, après quelques jours d'impatience on passe aux menaces : les fétiches sont alors sortis de leur retraite, et on les traîne en les abreuvant d'injures, jusqu'au moment où la pluie commence à tomber.

Les habitants de Carabane sortent alors les fétiches de leur retraite en les abreuvant d'injures.

De Carabane on peut communiquer facilement avec le Cachéo, soit par la rivière de Giakin, navigable pour les embarcations d'un petit tonnage et qui débouche dans la mer près de la pointe Barella, soit par la rivière de Cajinolle, qui établit une communication directe entre la Casamance et la rivière de Cachéo.

On communique aussi aisément avec Sainte-Marie de Bathurst, chef-

Factorerie n° 1 de la Compagnie de la Casamance à Carabane.

lieu de la Gambie anglaise. Les grands côtres remontent en effet à Diouloulong, situé dans la crique de Carabane, à près de 80 kilomètres au nord de la Casamance. De Diouloulong un indigène se rend en une journée à Bathurst, éloigné de 45 kilomètres. On peut de la sorte profiter du câble télégraphique qui touche à la colonie anglaise, une dépêche pouvant être portée en deux jours de Carabane à Bathurst.

DE CARABANE A ZIGHINCHOR

ZIGHINCHOR. — L'ANCIENNE COLONISATION PORTUGAISE. — LES GOURMETTES.

Quand on remonte la Casamance, on double la pointe Saint-Georges, où s'élève un village que l'on aperçoit de loin sous l'ombrage d'un beau bouquet de palmiers qui borde la rivière. Le propriétaire de ce séjour enchanteur est une mulâtresse; cette « chefesse », qu'on gratifie volontiers du nom de reine de

Lisière des forêts.

Zozor, habite une demeure spéciale, composée d'un rez-de-chaussée et d'un premier étage; elle reçoit dans cette demeure les visiteurs qui l'honorent de leur visite, et offre poliment les escabeaux placés autour de son fauteuil seigneurial surélevé sur une petite estrade; respectueuse des usages du pays, elle offre le vin de palme aux invités.

Quand on a dépassé le confluent du Cajinolle, la Casamance, qui avait plusieurs kilomètres de large, se rétrécit un peu; on aperçoit sur la rive gauche les immenses forêts dont la lisière limite à 1 kilomètre au-dessus de la rive la zone des rizières qui s'étendent sur les grandes plaines qui bordent le cours d'eau dans cette région. D'étroits marigots dont l'ouverture est en partie masqué par les palétuviers ouvrent des chenaux sinueux et étroits que pratiquent les embarcations pour se rendre au pied des villages dont les habitations sont disséminées le long de la lisière des forêts.

Les deux rives du fleuve, bordées de palétuviers, sont inabordables, et ne donneraient d'ailleurs accès que sur des terrains bas, inondés pendant quatre mois de l'année, et transformés en rizières. Aussi Zighinchor est-il, après Carabane, la première escale où peuvent s'arrêter les navires.

Le 18 mai 1888, je vins prendre possession de cette petite ville portugaise qui, conformément à la convention passée avec le Portugal, devait faire retour à la France. A cette époque, il n'y avait qu'une centaine d'habitations, vastes

Une rue de Zighinchor.

mais serrées, et enfermées dans une palissade en mauvais état. A l'extrémité occidentale se dressait le mât de pavillon où flottaient quelques jours auparavant les couleurs portugaises ; l'église était située en arrière sur une sorte de tertre, et devant le portail se dressait une vieille croix en pierre.

A l'extrémité orientale, un petit wharf permettait d'aborder par sept mètres d'eau. Tout auprès, un hangar long de 50 mètres et recouvert de tuiles rouges attirait plus particulièrement le regard. C'était le magasin de la maison Maurel frères. A Zighinchor, les habitations confortables étaient rares, c'était tout au plus si l'on apercevait trois ou quatre maisons de traitants bâties à l'européenne; les autres habitations étaient des cases de forme quadrangulaire ou rectangulaire de 25 mètres de côté, assez élevées, il est vrai, mais construites en pisé et recouvertes de chaume.

Ces habitations étaient bien conformes à l'esprit de la population gourmette. Ce n'était plus des cases, mais ce n'était pas encore des maisons.

Il existe autour de cette ancienne colonie portugaise, et sur une étendue d'environ 50 hectares, des champs de riz; ils sont bien dessinés, bien entretenus et témoignent de la civilisation et de l'activité relatives de la population.

La fontaine de Boucote, où les habitants vont puiser une eau excellente, se trouve à 500 mètres de la ville, à l'entrée d'une forêt de palmiers merveilleusement belle. C'est l'épanouissement de la végétation tropicale dans toute sa splendeur.

L'occupation de Zighinchor réglait la question de la possession, pour la France, de la Casamance, qui devenait en fait une rivière française.

On faisait en outre l'acquisition d'une escale très importante. Les vapeurs de haute mer qui entrent en Casamance ne peuvent en effet remonter aux escales situées au delà de Zighinchor. Il faut donc que le commerce de la rivière accumule sur ce point les masses énormes d'arachides produites chaque année dans la rivière.

Factorerie de la Compagnie de la Casamance à Zighinchor.

Autrefois il fallait faire descendre ces graines, qui sont récoltées dans le haut de la rivière, jusqu'à Carabane. Aujourd'hui elles sont transbordées à Zighinchor, c'est une économie d'argent et de temps qui est considérable. Aussi la Compagnie de la Casamance, qui est devenue propriétaire de tous les immeubles commerciaux de la rivière et par conséquent de ceux de Zighinchor, a-t-elle fait construire sur ce point une vaste factorerie et un nouveau wharf auquel accostent les vapeurs qui viennent enlever ses arachides par chargements de 1,000 tonnes[1].

Aux appontements de Zighinchor, qui n'ont que quelques mètres de long, les navires ont 6 à 7 mètres d'eau.

Le mouvement commercial, qui n'atteignait guère que 150,000 francs sous l'occupation portugaise, a pris depuis une importance bien autrement considérable.

Le commerce du caoutchouc et des palmistes se développe surtout beau-

1. En 1891, les vapeurs *Ross* et *Saint-Joseph* sont venus à Zighinchor enlever des chargements d'arachides; en 1892, 4 navires à vapeur ont été affrétés pour ce transport

coup dans cette région, car les forêts voisines, qui sont encore à peine exploitées, sont d'une inépuisable richesse. Depuis l'occupation française, la population augmente d'ailleurs sensiblement dans cette région, car les Féloupes, habitants de la rive droite, viennent en grand nombre s'établir sur la lisière des forêts voisines.

Toutes les populations de la région sont très douces et se livrent avec goût à l'agriculture; elles sont animées des meilleures dispositions à l'égard des

Chalet d'habitation de la Compagnie de la Casamance à Zighinchor.

Européens et ne demandent qu'à être initiées davantage aux idées du progrès. D'incessantes émigrations augmentent le nombre de ces indigènes, aussi il y a lieu de se préoccuper de l'agrandissement de Zighinchor; et à cet effet il faudra utiliser la forêt située à 500 mètres en arrière du village, car elle se prêtera admirablement à la création de constructions et jardins; il suffira en effet de débroussailler entre les palmiers, qui procurent l'ombre et la fraîcheur. Ces arbres précieux, dont on tire l'huile de palme et les palmistes, constituent en outre pour l'indigène la bouteille de derrière les fagots, car il suffit de grimper dans le haut du palmier et d'y faire une incision pour recueillir une excellente boisson intitulée vin de palme.

Dans le sol sablonneux, perméable et légèrement ondulé de la forêt, l'eau se rencontre partout à 2 ou 3 mètres de profondeur. Ces conditions avantageuses permettront de créer le nouveau Zighinchor où s'établiront les Mandiagos, qui abandonnent depuis peu la Guinée portugaise pour venir bénéficier de la protection française.

Grâce à la brise de mer qui se fait sentir régulièrement chaque jour avec le mouvement de la marée, le climat de Zighinchor est relativement doux. D'ailleurs, grâce à la largeur considérable de la Casamance sur tout son parcours, on jouit sur les rives du bien-être que donne le voisinage de la mer dans ces régions intertropicales.

Les pères du Saint-Esprit en Casamance.

La Casamance peut bénéficier d'un renom de salubrité, si l'on cite des exemples tels que celui d'un colon français nommé Chambas, mort quelques mois avant mon premier voyage en Casamance et qui avait vécu vingt-sept ans à Zighinchor, où il était venu après sa libération du service qu'il avait fait dans l'infanterie de marine au Sénégal. Chambas a laissé 19 enfants vivants, et une de ses filles est mariée à un autre colon, M. Roth, établi depuis quinze ans en Casamance.

L'ancienne ville portugaise était autrefois une escale de négriers où la métropole déportait des condamnés politiques; aussi retrouve-t-on parmi les habitants des individus qui portent des noms de la vieille noblesse portugaise, et conservent encore des parchemins moisis et quelques vieilles pièces d'argenterie qui feraient la joie des collectionneurs.

Les *Gourmettes* de Zighinchor, c'est ainsi que l'on dénomme les métis descendant des Portugais, font le commerce aux escales des marigots voisins. Ils circulent sur des pirogues taillées dans le tronc des benteniers (*sterculia senegalensis*), dont on voit deux échantillons de belle venue devant la grande factorerie de Carabane. Ces pirogues sont souvent exhaussées de bordages en planches épaisses. Certaines atteignent de grandes dimensions et sont susceptibles de porter plusieurs tonnes de marchandises ; on les appelle des faïa. Les Gourmettes exportent, comme marchandises d'échange, du coton, des pagnes et du sel et rapportent du riz qui est acheté par la Compagnie de la Casamance qui en exporte à certaines époques de l'année en Gambie, à Gorée et à Saint-Louis.

Lorsque les croiseurs mirent obstacle à l'exportation des esclaves, les derniers convois venus de l'intérieur restèrent à Zighinchor, qui était une des célèbres escales de négriers. Ils furent utilisés par les propriétaires pour la culture des terres voisines, et c'est ainsi qu'en 1860 la sœur du gouverneur avait encore à elle seule une centaine d'esclaves.

Aujourd'hui les Gourmettes n'en ont plus, et à l'exception de quelques nobles, dont les préjugés de caste sont restés vivants malgré le changement de couleur qui permet à peine de les distinguer des indigènes du pays, tous se sont mis à leur tour au travail, à l'exemple des Européens si actifs dans la rivière.

Les Gourmettes ont une grande vénération pour les images, les médailles et les christs, auxquels ils attribuent le pouvoir de les préserver de tous les accidents. Cette croyance s'étant répandue chez les Féloupes et les Bagnouns, les traitants portugais avaient fait des images, des médailles et des crucifix un objet de commerce, et les troquaient contre des esclaves qu'ils gardaient, ou échangeaient ensuite contre des bestiaux.

Il y a peu de temps que ce trafic a cessé, non parce qu'il était immoral, mais parce que ces marchandises ne sont plus recherchées par les indigènes, depuis qu'un Féloupe, qui avait acheté fort cher un christ en cuivre qu'il portait au milieu de ses gris-gris, avait néanmoins été tué d'un coup de fusil.

Quand les Portugais évacuèrent Zighinchor pour m'en faire la remise, ils n'entretenaient plus dans cette escale que deux soldats noirs pour la garde du pavillon ; ils avaient en outre un chef de douane et un prêtre. Ce dernier fut remplacé par deux pères de la mission du Saint-Esprit, qui élevèrent une modeste chapelle au milieu de cette petite ville.

Du temps de l'occupation portugaise, les gouverneurs étaient choisis parmi les descendants de deux familles illustres ; autour de ces deux familles, la ville s'était partagée en deux partis qui se témoignaient une réelle antipathie. Le quartier Ouest s'appelait Villa Fria, le quartier Est Tabourka. Les discordes entre les deux partis amenaient souvent mort d'homme.

Il existait encore un usage peu tolérable sous la protection d'une nation civilisée et que je m'empressai de supprimer. C'était le jugement du poison ; il avait été créé par les premiers colons venus du cap Vert en 1640, c'était un emprunt fait à certaines populations sauvages de cette région.

A certaines époques de l'année on faisait boire du *thali*, boisson faite avec l'écorce d'un arbre et qui constitue un violent poison, aux gens soupçonnés d'être de mauvais chrétiens. Le gouverneur (juge du peuple) remplissait l'office d'inquisiteur, et le patient ne pouvait échapper à la mort qu'en soudoyant ses juges ; mais les récalcitrants qui se refusaient à payer leur prétendue hérésie étaient infailliblement victimes de cet odieux jugement.

Les Portugais ne vinrent en Casamance qu'au XVIIe siècle, alors qu'ils étaient déjà établis dans le rio Cachéo. — La ville de Cachéo, qui est aujourd'hui en décadence et qui compte à peine une population de 1,800 habitants, avait été fondée en 1588 et était devenue le centre le plus important des Portugais sur cette côte. En 1700 c'était une véritable ville. On y voyait des fonctionnaires, une population blanche nombreuse, et les communications commerciales étaient régulièrement établies avec l'Europe. Les premiers émigrants portugais s'étaient établis dans le petit marigot de San-Domingo qui donna longtemps son nom à la rivière de Cachéo ; mais le centre créé dans les forêts de San-Domingo perdit sa première importance du fait de la création de Cachéo.

En 1844, le comptoir de Farim fut établi dans le haut du Cachéo, et le fort de San-Philippe sur le rio de Saral. Puis des aventuriers portugais passèrent par les routes de San-Domingo dans la Casamance et colonisèrent toute la région comprise entre Adéane et Zighinchor.

Cette région était d'ailleurs de nature à séduire des Européens. Les villages qu'on y rencontre sont formés par des agglomérations de cases très vastes, construites en murs épais et recouvertes de doubles toits qui abritent des greniers. Ils sont ensevelis sous le feuillage d'imposantes futaies et parfois noyés dans de véritables bois d'orangers dont le parfum pénétrant se dilate et se répand dans l'atmosphère humide et surchauffée de la forêt.

Les habitants, qui sont d'une nature douce, firent bon accueil aux hommes de l'Occident. Ceux-ci d'ailleurs, qui étaient pour la plupart, à l'origine, des gentilshommes qui avaient dû fuir la mère patrie en profitant de l'appareillage clandestin d'un navire pour échapper aux recherches d'une justice vindicative ou aux représailles qu'ils pouvaient craindre, pour un coup d'épée malheureux, s'établirent sans esprit de retour dans la solitude de ces forêts inconnues et s'unirent par le mariage aux familles indigènes. Aussi les descendants de ces premiers émigrants de hasard sont-ils redevenus noirs, mais il n'est pas nécessaire d'être grand physiologiste pour retrouver sous leur peau brunie les caractères particuliers au type portugais.

Plus tard les Portugais envoyèrent dans ces régions des déportés politiques, mais ceux-ci se confinèrent dans Cachéo ou Zighinchor.

DE ZIGHINCHOR A ROTH-VILLE

ROTH-VILLE. — LA FORÊT D'YATACOUNDA. — SEDHIOU.

Lorsqu'on remonte la Casamance au-dessus de Zighinchor, les rives prennent un aspect plus riant. Les monotones bordures de palétuviers qui, dans la basse Casamance, font écran devant les forêts qui se profilent en arrière, disparaissent peu à peu, la forêt se rapproche du rivage; de hauts palmiers apparaissent sur les rives et leurs formes régulières se détachent sur la masse verte de la forêt dont l'œil ne peut sonder les profondeurs.

Ferme de Jules Roth, colon en Casamance.

On dépasse le marigot de Niagis, canal naturel qui ouvre une voie de pénétration de 15 kilomètres dans la direction de Cachéo. Il est très étroit, profond et enseveli sous un berceau de feuillage. Les forêts qui l'avoisinent sont d'inextricables fourrés de lianes à caoutchouc, où les rares éclaircies sont plantées d'orangers qui abritent sous leur feuillage épais de petits villages bagnouns.

Quand on navigue sur ce canal, on peut avoir la certitude, comme d'ailleurs sur les marigots similaires, de voir apparaître les grosses têtes des hippopotames qui regardent hors de l'eau, surpris par le bruit rythmé des avirons qui trouble le silence de ces solitudes.

En passant à hauteur de Djinicola, on aperçoit sur la rive le pavillon de la Compagnie qui flotte sur une gracieuse case de traitant. Plus loin, ce même pavillon est hissé à Roth-Ville au moment où l'embarcation qui porte le voyageur est signalée.

Roth-Ville est une petite colonie naissante. Jules Roth, son fondateur, est

Petit appontement d'escale, sur la Casamance.

un Alsacien-Lorrain fixé en Casamance depuis plus de quinze ans. Son fils, né d'une union avec une fille de Chambas, un autre colon de la Casamance, est un baby à cheveux blonds et aux yeux bleus. Autour de Roth sont groupés des Gourmettes et des indigènes de toute provenance, très dévoués à notre compatriote dont ils suivent les conseils et secondent les efforts.

A quelque distance de Roth-Ville on atteint le marigot d'Agnac, sorte de canal semblable à celui de Niagis qui ouvre une route facile vers le joli village de Niaboun. De jolies cases, ombragées par de beaux arbres fruitiers et des futaies d'orangers, abritent une population adonnée à l'exploitation du caoutchouc, très abondant dans la forêt qui ensevelit sous son ombre ce séjour enchanteur. Sur ce point de la Casamance on franchit les passes de Sangaye qui arrêtent les navires de haute mer et ne leur permettent pas d'aller plus haut. Les avisos franchissent toutefois ce passage sans courir de risque.

On atteint l'escale de Sindone où le pavillon typique de la Compagnie apparait de nouveau. En arrière de l'escale et de l'appontement on entrevoit le village dont les bananiers sont réputés pour la bonne qualité de leurs fruits.

En remontant encore, on arrive dans une sorte d'évasement de la rivière, quelque chose qui ressemble à un lac dont la plus grande dimension est de 5 à 6 kilomètres. On est au confluent du Songrogou, la rivière du Fogny. Le village d'Adéane apparaît sur la rive gauche noyé dans la riche futaie qui vient mourir à 300 mètres de la rive. Sur l'appontement de l'escale les couleurs de la Compagnie battent au mât de pavillon et au premier plan. Devant le village

Sedhiou

apparaît la petite factorerie tenue par Manoel Corréa, un noir de Gorée qui remplit sur ce point les fonctions de traitant de la Compagnie. Des côtres ou goélettes, accostés au wharf ou mouillés à proximité, font leurs opérations de chargement.

Adéane, qui est un centre important, s'accroît par la venue incessante d'une population flottante de Diolas du Fogny et son importance augmente chaque jour.

Dans le voisinage, une vaste plantation, où la Compagnie réunit toutes les plantes susceptibles de venir sous cette latitude, a été baptisée du nom de Cousin-Ville. Cette région livrée à l'agriculture industrielle s'étendra d'Adéane à la pointe Fourtous, du nom d'un capitaine de navire qui en avait fait sa résidence et qui était resté célèbre dans le pays par la réponse qu'il faisait infailliblement aux passagers qui lui offraient de partager leur repas à l'époque où il exerçait encore sa profession sur les goélettes du cabotage : « Le capitaine Fourtous ne mange pas avec ses passagers. »

En continuant de remonter vers Sedhiou, on dépasse le marigot de Sengueur, canal qui ouvre une route de 15 kilomètres aux petites embarcations; à quelque distance de son confluent apparaît, à Mangakounda, le pavillon de la Compagnie qui flotte encore quelques kilomètres plus loin, à Nyene et Gondoum. En dépassant la pointe où s'élève ce dernier village, on aperçoit la vaste forêt de roniers d'Yatacounda, traversée dans toute sa longueur par un marigot qui ouvre dans l'intérieur une route de 10 kilomètres. La forêt d'Yatacounda, qui n'a pas moins de 10,000 hectares, contient les roniers les

Factorerie nº 1 de la Compagnie de la Casamance à Sedhiou.

plus appréciés de la côte d'Afrique ; c'est en outre la forêt qui est la plus facilement exploitable.

Il est inutile de rappeler quel est l'usage du ronier. Cet arbre, qui appartient à la famille des palmiers, pousse généralement très droit ; c'est une colonne végétale qui n'a de feuilles que dans la partie supérieure. Son bois, qui est d'une grande dureté, séjourne longtemps dans l'eau sans pourrir. Sur terre il n'est pas attaqué par les termites ou autres insectes. Sur la côte d'Afrique, on utilise le ronier pour la construction des wharfs et des appontements : à cet effet, on coupe le ronier de façon à conserver une longueur de 8 à 10 mètres. On commence à l'utiliser dans les constructions pour servir de colonnes de support aux vérandas. Enfin son emploi sera d'un grand usage dans la construction des chemins de fer africains, où il s'impose pour fournir des traverses que ni l'humidité, ni les insectes ne peuvent détruire.

La forêt d'Yatacounda, qui est une des propriétés de la Compagnie de la Casamance, est soumise actuellement à une exploitation régulière et méthodique, et les arbres sont chargés sur une goélette en fer de la Compagnie construite spécialement à cet effet et qui peut prendre jusqu'à 100 roniers de 8 à 10 mètres de long.

Les arbres femelles qui sont creux sont respectés, et d'ailleurs on abat seulement les arbres mâles qui, par leur épaisseur régulière et leur forme droite, sont d'une qualité dite marchande. Aussi cette forêt où les arbres étaient trop serrés ne disparaît-elle pas, mais elle change d'aspect, et il est d'ailleurs question d'utiliser les vides que l'on y crée pour faire des plantations.

Au delà d'Yatacounda, on rencontre deux petits marigots qui ouvrent des voies d'accès sur le territoire de la rive gauche, et enfin celui de Bissary qui est navigable sur plus de 40 kilomètres de parcours.

Au delà de cet affluent, la Casamance, qui conserve toujours une grande largeur, prend une direction nord-sud, et varie de 2 à 3 kilomètres. Sedhiou se trouve situé sur ce coude de la rivière.

Les deux rives sont bordées de palmiers, et cette résidence officielle de la haute Casamance, avec ses belles factoreries à arcades qui se signalent de loin par leur blancheur éclatante au milieu d'une trouée de la verte et sombre forêt, se présente sous un aspect des plus coquets.

En arrière et dans l'enceinte réservée de ces factoreries sont construits des petits villages habités par des indigènes attachés au service de la Compagnie de la Casamance, qui est propriétaire de tous les établissements de Sedhiou.

Le poste militaire qui protège l'ensemble de cette petite ville est occupé par une garnison d'une trentaine de tirailleurs commandée par un capitaine. Un cadre européen, composé d'un médecin de la marine, de plusieurs sous-officiers, d'un brigadier d'artillerie, compose, avec les agents de la Compagnie, la colonie européenne de la petite ville de Sedhiou.

Une canonnière stationnaire dans la Casamance est mouillée tantôt à Sedhiou ou à Carabane; elle peut remonter d'ailleurs jusqu'à Diannah, à 60 kilomètres plus haut, dans la rivière, le Songrogou ou la crique de Carabane, navigables sur un parcours de plus de 40 milles, et dans un grand nombre d'autres marigots sur un parcours moindre[1]. Cette canonnière est commandée par un premier maître européen qui a sous ses ordres un cadre européen et un équipage composé de laptots. A Sedhiou, les pères du Saint-Esprit avaient un bel établissement et une chapelle bien entretenue; le pays étant essentiellement musulman, leurs efforts restaient infructueux et ils se sont reportés sur Zighinchor et Carabane.

1. L'ensemble du réseau navigable dans le bassin de la Casamance, et accessible aux embarcations commerciales des divers types, dépasse un développement de 600 kilomètres.

DE SEDHIOU A DIANNAH

LA RÉGION HAUTE DE LA CASAMANCE. — LA LÉGENDE DE KOLIBENTA.

Au delà de Sedhiou, la Casamance est encore navigable jusqu'à Diannah, situé à 60 kilomètres à vol d'oiseau à l'est de Sedhiou. C'est le point extrême de la navigation de la Casamance, pour les grandes embarcations, par suite de la présence d'un banc de vase molle qui barre le fleuve, mais dans lequel on

Factorerie n° 3 de la Compagnie de la Casamance à Sedhiou

pourrait draguer un chenal; les embarcations remonteraient alors jusqu'à Baniafaré, au cœur du Firdou, ce qui serait très avantageux au point de vue commercial.

Diannah est situé à 2 kilomètres du rivage d'où on l'aperçoit à demi caché par un bois. Tout à l'entour le terrain est bien cultivé, les Mandingues le labourent profondément et y tracent des sillons d'une régularité qui rappelle ce que l'on voit dans nos belles campagnes de France.

A Diannah, la population dépasse 2,000 âmes. Une double palissade et un large fossé rempli d'eau pendant l'hivernage mettent le village à l'abri d'un coup de main. Les cases, de forme circulaire, sont construites en pisé; chacune d'elles est entourée d'une galerie assez spacieuse et sous laquelle les habitants reçoivent et logent les étrangers. Le sol des chambres, battu avec soin, est quelquefois peint en jaune ou en blanc.

C'est à partir de Soumboudou, qui est une escale de traitants, que le fleuve commence à se rétrécir, à l'endroit précis appelé Mankouno, où des bancs s'étendent sur une longueur de 1 kilomètre et se continuent jusqu'à hauteur de Oundoukar, ne laissant qu'un étroit passage dans lequel on trouve à peine

Factorerie n° 2 de la Compagnie de la Casamance à Sedhiou.

1 mètre d'eau. Sur ce parcours on aperçoit, sur une longueur de plusieurs kilomètres, des roches basaltiques courant du nord au sud et semblables à celles de Gorée. A quelques kilomètres plus loin, à hauteur de Marandan, la passe s'élargit et le fond se creuse jusqu'au-dessus de Kolibenta où se trouve un banc de sable sur lequel il n'y a ordinairement que 0m,50 d'eau et 1m,50 pendant la saison des pluies. Cet obstacle franchi, le fond varie entre 1 et 2 mètres jusqu'à Baniafaré, dernière escale, située à 30 kilomètres en amont de Kolibenta.

L'eau de la Casamance est encore salée à hauteur d'Yatacounda, et la marée se fait sentir jusqu'à hauteur de Sedhiou, c'est-à-dire que le niveau du fleuve est horizontal; au delà il prend un peu de courant, et s'il faut en croire les aitants qui remontent dans le haut de la rivière, au-dessus de Kolibenta,

Embarquement aux escales sans appontement.

pendant les mois de septembre et d'octobre, le courant est assez violent pour les obliger à touer.

D'après les renseignements de M. Laglaise, colon en Casamance, qui a remonté jusqu'aux sources, celles-ci se trouveraient à 100 kilomètres à l'est de Kolibenta. En partant de ce village, il faut cinq jours pour s'y rendre en pirogue.

Le Firdou est le pays baigné par la Casamance dans sa partie haute : c'est une région, aujourd'hui bien peuplée grâce à l'émigration venue du Fouta-Djallon, et qui produit en quantité du caoutchouc d'excellente qualité. Ce caoutchouc découle par incision d'une liane nommée *toll* par les indigènes : celui qu'on recueille sur la Gambie, au nord du Firdou, provient d'une autre liane du nom de *madu*, et il est d'une qualité inférieure.

Pour les embarcations de la Compagnie qui exploite la Casamance, c'est Kolibenta qui est actuellement, avec Diannah, situé à 8 kilomètres sur l'autre rive, le point terminus de la navigation sur la Casamance ; un gué permet de communiquer entre ces deux villages. La plaine de Diannah, qui s'étend à perte de vue dans le sud, s'élargit beaucoup dans la direction du gué et elle est bordée au nord, à 8 kilomètres du rivage, par une lisière de bois qui la sépare du fleuve. Le fleuve fait un coude, et revient sur lui-même. Au milieu des rizières qui bordent le rivage apparaissent des blocs de basalte qui s'étendent sur le passage de la rivière et l'obstruent en partie. Quelques-uns de ces blocs ont 4 à 5 mètres de hauteur. En cet endroit le fleuve n'a que 150 mètres de large, mais la rive gauche qui est basse s'inonde aux hautes eaux.

Le village de Kolibenta fait partie du Brassou, qui était autrefois habité par des populations fétichistes que les Mandingues et les Peulhs appellent Soninkés (infidèles). En 1840, l'almany du Fouta-Djallon leur fit la guerre avec le concours des Mandingues, et conquit toute cette région dont il confia la garde à ses alliés. Dès cette époque, Bakary-Koye, foulah qui avait été chargé de conserver cette petite forteresse et une partie de Brassou, ayant acquis, grâce à des succès de guerre, la réputation d'un héros, aspira à la souveraineté du Pakao, déjà conquis par les Mandingues. Le nom de Kolibenta signifie en mandingue grand bentenier. C'est qu'en effet le village a pris le nom d'un de ces arbres qui croît dans le voisinage et a une grande dimension. Ce bel arbre est d'ailleurs l'objet d'une légende qui mérite d'être rappelée.

Au temps passé, disent à ce sujet les griots du pays, il y avait dans le Brassou un roi nommé Koli (grand), puissant et barbare. Adonné à l'ivresse, il ne mettait aucun frein à ses passions, et était devenu la terreur du voisinage et surtout des marabouts qu'il martyrisait cruellement chaque fois qu'il pouvait les saisir. Or, dans une razzia qu'il fit dans le Pakao, il s'empara d'une famille de musulmans composée du père, de la mère et d'une fille citée dans tout le pays pour sa sagesse et sa beauté. Koli voulut aussitôt les forcer à abjurer le vrai Dieu et à boire de l'eau-de-vie ; mais ni menaces ni châtiments ne purent

Quant à la fille, elle se préparait à subir le même sort.

les y contraindre. Ce que voyant, Koli, furieux de trouver tant de résistance dans des êtres si faibles, fit enterrer jusqu'au cou le père et la mère qui expirèrent dans cette position. Quant à la fille, elle se préparait à subir le même sort; déjà même elle avait recommandé son âme à Dieu lorsque le roi, frappé de ses charmes, l'arracha des mains des esclaves et donna l'ordre de la conduire dans la case de ses femmes, voulant, dit-il, en faire plus tard son épouse. Quelques jours se passèrent en obsessions de la part de Koli auprès de cette enfant qui repoussait avec horreur les caresses et les menaces du meurtrier de ses parents. Aussi s'attendait-elle à chaque instant à mourir, car elle savait Koli incapable de magnanimité; mais l'amour, ou plutôt Dieu qui sait tout, avait amolli le cœur de cet homme qui ne s'était encore porté contre elle à aucun excès. Cependant, un soir qu'il s'était enivré, persuadé par ses courtisans que rien ne devait lui résister, Koli se dirigea vers la case de la jeune musulmane dont il voulut vaincre les répugnances par la force. Effrayée, l'enfant s'échappe de ses mains, et se sauve du côté d'un bentenier qui se trouve au milieu de la plaine. Là ses pieds s'embarrassent dans une des racines de l'arbre, elle tombe et va devenir la proie du tyran, lorsque Dieu, qui vient toujours en aide aux vrais musulmans, la rappelle à lui. Alors le roi ne trouvant plus qu'un cadavre, monte dans ce bentenier et s'y pend à l'aide de son pagne.

POPULATIONS DE LA CASAMANCE

LES OUOLOFS. — LES FÉLOUPES. — LEURS CÉRÉMONIES FUNÈBRES. — LEURS COUTUMES. — LE JUGEMENT DU POISON. — LES JIGOUCHES. — LES ANCIENS NÉGRIERS DU SONGROGOU ET DE LA RIVIÈRE DE CÉRÈGES. — LES BAGNOUNS. — LES BALLANTES. — LEURS MARIAGES. — LES MANDINGUES. — PEUHLS OU FOULAHS. — LEUR ORIGINE. — LEURS MOEURS ET COUTUMES. — LES MANDIAGOS ET GOURMETTES. — QUELQUES MOTS SUR LA COLONISATION PORTUGAISE.

On rencontre, en Casamance, des populations d'origines très différentes, parlant des idiomes qui n'ont aucune ressemblance.

On peut toutefois les diviser en plusieurs familles qui sont: les Ouolofs, qui habitent dans le voisinage de la côte; les Diolas et les Féloupes, appartenant à une souche unique et qui sont confinés dans les mystérieuses forêts du Fogny, et sur la rive gauche dans la région de la basse Casamance; les Bagnouns, qui constituaient autrefois un vaste empire et ne se rencontrent guère aujourd'hui que dans les territoires de la rive gauche; les Ballantes, qui sont établis également dans les forêts de la rive gauche; les Mandingues, venus par invasion des régions du haut Niger et établis aujourd'hui dans la région de Sedhiou;

enfin les Peuhls, qui ont envahi les régions de la haute Casamance. Les Mandiagos ou populations façonnées par le contact et les unions avec les Portugais sont répandus en petit nombre dans la région de Zighinchor, à Adéane et dans le voisinage du marigot de Giakin. Nous allons examiner ces diverses populations et fournir quelques renseignements sur leurs mœurs et leurs coutumes.

Les Ouolofs ne semblent pas originaires de la Casamance, mais ils y sont répandus en assez grand nombre dans la région de Carabane. L'ancien pays de cette race nigritienne s'étendait autrefois du Sénégal à la Gambie.

Les Ouolofs sont grands et robustes, leur physionomie est douce, leur teint très noir; ils aiment le commerce et sont volontiers voyageurs, aussi en trouve-t-on auprès de tous les établissements européens de la Casamance. Les femmes ouoloves fument souvent de petites pipes en fer ou en terre. Les hommes sont musulmans. Ils se nourrissent volontiers de couscous, de farine de mil et sont avides de poisson.

Les Féloupes, qui dans leur langue s'appellent Diolas ou Aïamats, forment un autre rameau du tronc guinéen qui semble pouvoir être rattaché à celui des Aschantis, des Timénés, des Baya, des Nalous et des Landoumans, car il a beaucoup d'affinité avec ces diverses races de la côte d'Afrique.

Les Diolas sont répandus sur la rive droite de la Casamance, entre le Songrogou et la mer; ils habitent dans les forêts presque inviolées qui couvrent cette région et qui sont morcelées à l'infini par un dédale de marigots

La dissémination des populations diolas sur ce vaste territoire, le peu de cohésion de leurs communautés isolées par l'infranchissable obstacle des forêts encore vierges, leur manque presque absolu d'organisation politique et sociale, ont été la cause de la grande confusion qui règne à leur sujet. Leurs trois principales fractions sont les Jigouches, les Karones et les Djougoutes.

Ces indigènes sont remarquables par leur conformation physique; leur teint est moins foncé que celui des Mandingues, des Ouolofs ou des Bagnouns. Ils sont fétichistes et idolâtres. Ils portent comme parure au cou et aux membres de nombreux morceaux de cuivre et beaucoup de verroteries grossières. Ils passent dans le lobe de leurs oreilles, qui sont distendues à cet effet, des tabatières cylindriques taillées dans des bambous. D'un tempérament paisible et doux, ils ne font jamais la guerre que pour se défendre. Les guerriers de certaines de leurs fractions combattent encore armés de lances et de javelines et abrités derrière de larges boucliers en peau d'hippopotame. Chez ce peuple, les cérémonies funéraires donnent lieu à des pratiques bizarres. Le mort est revêtu de ses plus beaux accoutrements et ses armes sont placées à portée de ses

Diolas du Fogny.

mains. A ses pieds sont étalés les divers objets qui rappellent les biens dont il avait la possession dans ce monde, étoffes, bijoux, poudre, rames de pirogues, cornes de bœufs comme représentation de ses bestiaux, etc. Ceux qui l'entourent lui demandent pourquoi il renonce à la vie, à ses biens et à ses femmes. Ses épouses se présentent à lui avec leurs enfants et lui offrent la nourriture. Pour terminer la cérémonie, on enlève les vêtements et les ornements au mort, on l'enveloppe dans un morceau d'étoffe et il est porté sur un brancard improvisé par deux vigoureux gaillards jusqu'à sa demeure dernière, accompagné de ses proches parents.

Chez les Diolas, la forme du gouvernement est oligarchique; leurs chefs respectifs ont très peu d'influence et ne peuvent prendre aucune délibération importante sans assembler les anciens du village. Ils ont cependant l'administration de la justice et ils imposent des amendes qui profitent plus aux membres de l'assemblée qu'à eux-mêmes. Pour certains délits, tels que l'adultère et le vol, si le coupable est insolvable et que ses parents refusent de payer pour lui, un des anciens acquitte l'amende, qui doit lui être remboursée double l'année suivante. Si à cette époque le chef n'a pas été satisfait, il peut vendre son débiteur ou en faire son esclave. Les questions de crimes ou de délits privés se vident par l'épreuve du poison que l'accusé va boire chez les Banjiars, Diolas des bords du Cajinolle. S'il survit à cette épreuve, ce qui arrive s'il est assez riche pour payer celui qui l'administre, il est considéré comme innocent et a droit à une réparation qui consiste en bétail ou en captifs, suivant sa position ou son influence. Les Banjiars, qui habitent les magnifiques villages de Samatite, Etam, Seleki, Samis, Camatit, Enampore, Mlomp, Cajinolle, Batiguières, Essigne, etc., sont très avancés en progrès et très considérés des autres populations qui reconnaissent à leurs chefs et à leurs prêtres de grands privilèges. Celui d'administrer le poison, le thali, est pour ces prêtres une source de richesses. Les sujets qui leur reconnaissent le pouvoir de prévenir les malheurs et de disposer à leur gré de la pluie et du beau temps leur paient, pour ce fait, des redevances en grains et en bestiaux.

Tant que le temps est favorable, ils vénèrent leurs chefs et les comblent de présents; si la sécheresse menace leurs moissons, si les pluies sont trop abondantes, ils ont encore recours aux cadeaux, mais si ce moyen ne réussit pas, ils les accablent d'injures et les frappent jusqu'à ce que le temps ait changé.

Chez les Diolas, la polygamie est une exception; ils n'ont généralement qu'une femme, mais lorsqu'ils en sont fatigués, ils sont libres de la quitter pour en prendre une autre en payant une dot qui est peu élevée. Chaque fois qu'un mari répudie sa femme, il lui abandonne tout ce qu'il lui a donné, mais il conserve les enfants, surtout les garçons, qui en grandissant deviennent pour lui une source d'influence et de prospérité.

Les Diolas Jigouches habitent sur le marigot de Djogobel, ils n'ont aucune forme de gouvernement. Ils exploitent les palmiers et se livrent à la culture du riz. Ce sont de bons laptots et de bons travailleurs.

Les Diolas étant encore des gens très primitifs, très naïfs, et fétichistes, excitent la convoitise des populations musulmanes qui, s'autorisant de prétendus privilèges consacrés par le Coran, s'arrogent le droit, au nom de la conversion, de mettre en esclavage les populations fétichistes.

Les Féloupes du Fogny forment une espèce de république fédérative, dont

Féloupes du haut Songrogou.

chaque village a son chef indépendant; ils se réunissent tous et obéissent au plus ancien lorsqu'ils veulent attaquer ou se défendre. Le chef est nommé à l'élection, c'est toujours le plus brave ou le plus redouté. C'est à lui qu'incombe toute la responsabilité; il veille à la sûreté des travailleurs, à la tranquillité du village; il a du reste un pouvoir absolu.

Chez ces populations primitives qui pratiquent la polygamie, les hommes ont autant de femmes qu'ils peuvent en nourrir, sont peu jaloux et ne tiennent pas à la fidélité de leurs épouses. Cependant ils revendiquent toujours les garçons sur lesquels le père a des droits absolus. Ils font peu de cas des filles, qui souvent vont se marier au loin; mais si elles épousent des ennemis de leur nation, elles ne sont plus considérées comme nées dans le pays, et si elles ont le malheur d'être prises, elles sont vendues comme esclaves, alors même qu'elles tombent entre les mains de leurs plus proches parents.

Les représentants du Gouvernement en Casamance firent un moment alliance avec Fode-Kaba, un marchand d'esclaves qui met en coupe réglée ces malheureux Diolas, qu'il revend un peu plus loin après les avoir arrachés à leurs villages. Cet exploiteur aurait même été autorisé à s'emparer d'un village bagnoun du Songrogou, dont la résistance mettait, dans une certaine mesure, obstacle à ses incursions.

Type Diolas.

Quatre rivières, dont trois affluents de la Casamance, le Songrogou, le rio Jacoumbel, la Crique de Carabane et un affluent de la Gambie, la rivière de Vintang, arrosent le Fogny, et ouvrent des voies navigables aux embarcations commerciales. Le Songrogou et la rivière de Cérèges prennent leur source dans la région de Bintam, située entre la Casamance et la Gambie.

Ces deux affluents sont très voisins dans une partie de leur cours encore navigable.

On remonte en effet le Songrogou jusqu'à Tabor et plus haut encore pendant les pluies. La rivière de Vintang est navigable jusqu'à Bayacounda, situé à 30 kilomètres au plus de Tabor.

Dès les temps les plus reculés de l'apparition des Européens, des relations commerciales importantes s'établirent avec l'intérieur du Fogny par ces communications naturelles, et des colons de nationalités diverses vinrent s'établir dans ces régions.

Un négrier espagnol de Cuba, le seigneur Juan Malnonado, s'était créé dans le voisinage de Pasca, sur le Songrogou, une habitation organisée en place forte; elle était entourée d'une quadruple palissade avec des redoutes en terre et était armée de quatre pièces de canon. Pasca était la citadelle du Fogny, le roi du pays y résidait, et pour maintenir son autorité il y entretenait une garnison de *100 fusiliers. La ville était entourée de six rangs* de palissades solidement liées entre elles.

Le cours de la rivière de Vintang sépare le Fogny du Kian. Le Kian était habité par des Bagnouns aujourd'hui en partie assimilés aux Mandingues par lesquels ils ont été subjugués.

Cérèges, qui avait donné son nom à la rivière, était autrefois la capitale des Bagnouns du Kian. Au siècle dernier, les Anglais et les Portugais y étaient installés, et la Compagnie française y créa un établissement en 1700. A cette époque, le roi de Cérèges conservait encore une certaine indépendance, car en 1670 les Anglais étant venus pour l'intimider, avec une embarcation armée, furent repoussés à coups de fusil par ses guerriers.

Un Espagnol, nommé Juan Philippe, s'était établi dans le pays et avait épousé la fille du roi. Ce gentilhomme voulait convertir les habitants à la foi chrétienne et avait à moitié gagné son beau-père; mais il fut impossible à Juan Philippe de faire venir un prêtre, malgré les démarches qu'il avait faites auprès des Portugais.

Il ressort des renseignements rapportés par la Commission de délimitation franco-anglaise de la Gambie, que les territoires situés entre le haut Songrogou et la rivière de Vintang sont très bien cultivés. Entre Bita et Katunba, sur un parcours de 25 kilomètres, les terres sont entièrement exploitées sur une largeur de 7 à 8 kilomètres, ce qui représenterait 20,000 hectares de cultures sur ce seul point. Quant aux forêts de cette région, elles sont signalées, comme celles du bas Fogny, très riches en caoutchouc.

Les Bagnouns formaient autrefois un État considérable. Ils occupaient en effet la plus grande partie des territoires compris entre la Gambie et le Cachéo et se trouvaient par conséquent à cheval sur la Casamance où ils occupaient la majeure partie des rives.

Fondus dans le Yacine avec les Mandingues venus en 1830, et dépossédés au sud par les Ballantes qui envahirent les forêts comprises entre le Cachéo et la Casamance, les Bagnouns ne se rencontrent plus sans mélange que dans les villages isolés dans la région des forêts qui couvrent le territoire d'Adéane à Zighinchor. Dans le haut de Songrogou nous avons pu constater encore l'existence de quelques villages bagnouns; Tabor, la dernière escale du Songrogou, est un de ces villages bagnouns, ainsi que, sur la rive droite de la Casamance, Djami, village où s'établirent autrefois des colons portugais.

Primitivement les Bagnouns avaient leur capitale à Diagnou, sur la rive de la Casamance. Leurs rois avaient, paraît-il, un sceptre et se faisaient sacrer sur les pierres fétiches du banc de Piedras.

Les Bagnouns sont doux, bons cultivateurs et très attachés à la terre; ils récoltent surtout du miel et du riz, et s'entendent fort bien à l'aménagement de leurs rizières qui sont entourées de petites chaussées pour la retenue des eaux. Très friands de miel, ils récoltent la cire qu'ils apportent aux escales et ils sont devenus très habiles à récolter le caoutchouc. Dans le Songrogou, ils cultivent les arachides. Chez ce peuple, le pouvoir est transmis par les femmes.

Le type bagnoun présente tous les caractères distinctifs de la race noire; cependant il n'atteint pas la taille élevée des types plus septentrionaux tels que Ouolofs et Bambaras.

Actuellement, chez les Bagnouns, les villages sont indépendants sous l'autorité bien faible d'un chef. Celui-ci détient aussi quelquefois le pouvoir religieux et commande aux féticheurs.

Tabor, village bagnoun du haut Songrogou.

Les Bagnouns ne sont pas voleurs. En cas d'homicide, le meurtrier désarme la vengeance de la famille de la victime par des cadeaux.

Comme toutes les tribus nigritiennes adonnées à l'agriculture, les Bagnouns sont pacifiques. Ils ne sont susceptibles de prendre les armes que pour assurer le respect de leurs récoltes, car leurs cultures sont faites avec le plus grand soin, et le Bagnoun est très attaché à sa terre. C'est un des caractères distinctifs de cette intéressante peuplade chez laquelle la possession du sol confère honneur et considération.

Sur la rive gauche de la Casamance, les Ballantes sont confinés dans les forêts qui couvrent le pays entre le territoire occupé par les Mandingues et celui où se maintiennent encore quelques groupes bagnouns.

Les Ballantes viennent des rives du rio Geba; peuple de chasseurs, ils recherchent les forêts impénétrables et giboyeuses. Dans le courant de ce siècle, ils franchirent le rio Cachéo et se répandirent dans les magnifiques forêts du San-Domingo, s'ouvrant peu à peu l'accès des rives de la Casamance. Ils poussèrent même leurs incursions sur la rive droite de cette rivière et jusque sur les territoires du Yacine et du Boudhié. Mais, à partir de 1860, les Mandingues prirent contact avec ce peuple, qui, rencontrant un adversaire plus puissant, dut mettre un terme à ses velléités d'envahissement. Aujourd'hui les Ballantes, grâce à leurs forêts, où ils savent se défendre avantageusement, arrêtent l'empiétement mandingue sur le territoire de la

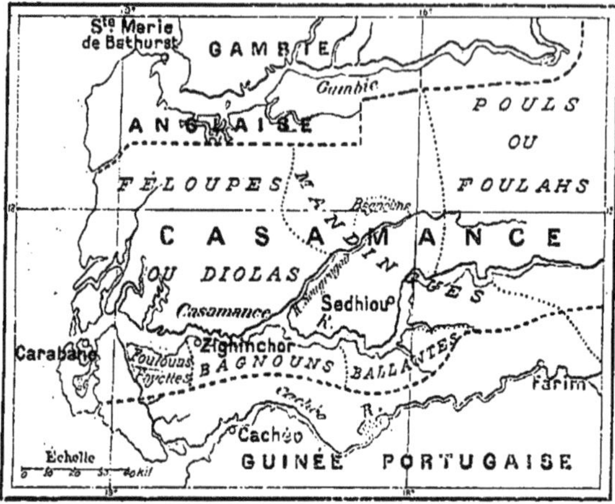

Répartition des populations sur le territoire de la Casamance.

rive gauche de la Casamance. La région qu'ils habitent en Casamance est la plus belle et la plus riche au point de vue forestier.

C'est sur leur rive qu'est située la précieuse forêt de roniers d'Yatacunda. Les Ballantes ont souvent occasion de chasser l'éléphant encore abondant sur les rives du Geba et même du Cachéo ; ils apportent l'ivoire aux escales de la Casamance.

Ces noirs sont de taille élevée : ils ont une certaine similitude de ressemblance avec les Mandingues. Ils s'en distinguent toutefois par leurs cheveux qu'ils laissent pousser assez longs, et leurs incisives supérieures taillées en pointes. Ils n'ont aucune religion ; ils élèvent du bétail, cultivent peu et vivent principalement du produit de la chasse et de la pêche. Les Ballantes sont excellents musiciens et tirent un excellent parti du *ballafon*, instrument de musique qui s'est perfectionné entre leurs mains.

Les Portugais ont beaucoup exagéré la cruauté et la sauvagerie des Ballantes. Il est vrai que l'organisation politique de ces chasseurs de brousse est des plus rudimentaires et fait mauvaise impression. L'agglomération sociale ne forme chez eux qu'un village, mais certains de ces villages contiennent une nombreuse population. En outre ils se prêtent un concours mutuel en cas de danger couru par l'un d'eux. Toutefois les villages, étant indépendants les uns des autres, ne relèvent d'aucune autorité supérieure.

Contrairement à une assertion répandue, le vol n'est pas en honneur chez les Ballantes; il est même puni de peines sévères, car des Ballantes sont couramment condamnés à la peine de mort pour avoir commis un larcin, et d'une façon plus générale, quand ils sont reconnus coupables, ils sont mis en demeure de payer le double ou le triple de l'objet volé.

Comme tous les peuples fétichistes de la Casamance, les Ballantes accordent de grands pouvoirs aux sorciers qu'ils croient susceptibles de donner la mort; cette croyance est exploitée par les chefs qui font planer le soupçon de sorcellerie sur les sujets qu'ils veulent obliger à se soumettre au jugement du poison, qui est pour eux une source de produits. La crainte des sorciers est telle chez les Ballantes qu'ils n'osent, la nuit, sortir de leurs cases.

Lorsqu'un Ballante veut se marier, il va trouver les parents de la jeune fille qu'il aime, leur fait un cadeau et emmène chez lui sa nouvelle épouse à laquelle il donne un pagne. Tant que dure ce vêtement, la femme est obligée de rester avec son mari. De cette manière, la femme seule est maîtresse du plus ou moins de durée de cette liaison; si elle se trouve heureuse, le pagne religieusement conservé ne sort que dans les grandes occasions; dans le cas contraire, il est lavé tous les jours, broyé dans le mortier où l'on pile le couscous, sous prétexte d'en enlever les taches, puis jeté pour sécher sur les buissons épineux, d'où on le retire avec force, de manière à le déchirer. Lorsque le pagne est hors de service, la femme le montre à son mari et à ses parents réunis; après quoi elle se retire sous le toit paternel, prête à convoler à de nouvelles noces.

Les Ballantes sont très sobres, et ne font qu'un repas par jour, lequel est composé d'un peu de riz ou de miel et de vin de palme. Ce n'est qu'en prévision de leurs funérailles qu'ils amassent des bestiaux, car s'ils ne possédaient rien au moment de leur mort, ils seraient jetés dans un trou sans autre cérémonie.

Mais s'ils sont riches, leurs funérailles sont, au contraire, l'occasion de grandes cérémonies. Dans ce dernier cas, aussitôt après le décès, il est creusé dans la case du défunt un grand trou où on le place dans l'attitude d'un homme assis: à l'un de ses côtés, l'on pratique un conduit souterrain qui sort de la case et dans laquelle on ne peut pénétrer qu'en rampant. Cette opération terminée, le mort est couvert de ses plus beaux habits et descendu dans la fosse, tenant dans la main droite l'instrument dont on se sert pour tirer le vin de palme, dans la gauche une queue de bœuf pour chasser les mouches; autour de lui sont placées ses calebasses et tout ce qu'il possédait. Les Ballantes pensent qu'après leur mort ils jouissent de tout ce qu'ils ont laissé, et qu'ils n'ont plus qu'à boire et à récolter du vin de palme; c'est dans cette croyance qu'on ménage un conduit dans leur demeure dernière, afin qu'ils puissent en sortir facilement pour remplir les calebasses qu'on a disposées pour eux. Lorsque le cadavre est ainsi placé, tous les bestiaux que le mort a laissés sont tués et mangés, après avoir été grillés sur des charbons. Ces repas, qui ne sont interrompus que par des chants et des danses, durent quelquefois plusieurs jours, et ne cessent que lorsque tout est consommé.

Les Ballantes subissent en Casamance l'influence de la civilisation française qui s'impose aux autres populations, et l'on constate de grands progrès chez ces indigènes qui n'y sont en aucune façon réfractaires.

Les Soninkés étaient les premiers habitants du Pakao, du Balmadou et du Souna, lorsque les Mandingues musulmans, venus de l'intérieur pour faire du commerce, s'établirent peu à peu sur leur territoire et y construisirent des villages séparés qu'il leur était défendu de fortifier. Leur nombre s'étant accru par de fréquentes émigrations, et se sentant soutenus d'ailleurs par l'almany du Fouta-Djallon, ils finirent par s'emparer du pays et par refouler dans l'intérieur les premiers occupants. Ils entourèrent alors leurs villages de fossés et de tapades et empêchèrent les Soninkés, qui conservaient quelques villages enclavés dans les leurs, d'en faire autant. L'anarchie régnait alors chez les Soninkés, qui ne voulurent plus reconnaître de chefs : ce fut la cause de leur ruine.

C'est de la même façon que les Foulahs empiètent actuellement sur les territoires qui ont été occupés dans le courant du siècle par les Mandingues.

C'est vers 1830 que les Mandingues affirmèrent officiellement leur puissance dans la Casamance. Ce peuple appartient à la race répandue dans le haut Niger qu'elle occupa en partie, à la suite des événements qui marquèrent au XIIe siècle la dislocation du grand empire du Mali. Dans ces régions, que j'ai visitées dernièrement, les Mandingues refoulèrent, il y a deux ou trois siècles, les populations Sousous d'origine guinéenne, répandues alors sur les immenses territoires du Fouta-Djallon et jusqu'aux rives du Niger. Depuis 1830 les Mandingues se sont constitués en 4 États dans la haute Casamance : le Boudhié, le Yacine, le Balmadou et le Souna; leur constitution est celle des États fédératifs. Les villages reconnaissent l'autorité d'un conseil de notables choisis dans l'ensemble de l'État et chaque village est dirigé par deux chefs : l'alcaty, chef de la guerre, et l'almany, chef religieux.

Lorsque le poste de Sedhiou fut créé, les Mandingues étaient déjà maîtres de la haute Casamance. Ils s'étaient établis, ainsi que nous l'avons dit plus haut, dans les États Soninkés alors en décadence, mais qui étaient jadis florissants, au commencement du siècle dernier, et gouvernés par le roi Birain-Mansate, dont le souvenir est resté encore légendaire. Ce petit potentat avait su créer une véritable prospérité dans ses États. Bien approvisionné d'armes et de munitions par les négriers, il disposait, paraît-il, d'une armée de 8,000 hommes et vivait dans l'opulence.

Les Mandingues ne purent s'étendre vers le sud où ils furent contenus par les populations Foulahs du Gabou. Celles-ci d'ailleurs, pour repousser les incursions de leurs turbulents voisins, organisèrent en 1860 une expédition, et une armée de 4,000 Foulahs et de 1,500 chevaux envahit le Firdou et le Pakao. Les Mandingues purent sauver les immenses troupeaux qui avaient été cachés sur le territoire de la Gambie, mais ne purent rester maîtres du pays que les nouveaux venus trouvèrent à leur convenance et conservèrent.

Chef mandingue.

Contenus par les Ballantes et les Foulahs, les Mandingues durent se contenter de la proie facile que leur offraient les débris de l'empire Bagnoun et des populations Féloupes et Diolas du Fogny, et c'est de ce côté que sont dirigées aujourd'hui leurs tentatives d'empiétement.

Les Mandingues sont d'un tempérament querelleur et pillard, et leurs rapports avec les autres populations sont toujours empreints d'un esprit dominateur.

S'estimant d'une origine supérieure, ils dédaignent les travaux de la terre qu'ils font exécuter par leurs captifs.

Ils sont musulmans, fanatiques, et cependant peu fidèles observateurs du Coran, car ils s'adonnent à l'ivrognerie.

Les disputes entre Mandingues se vident à coups de sabre; mais lorsqu'un homme est frappé à tort, leur justice est d'une grande sévérité, du moins dans le Pakao où l'on applique la loi du talion.

L'habillement des Mandingues se compose d'un pantalon flottant descendant jusqu'aux genoux, et d'une vaste chemise ou boubou en étoffe, bleue ou blanche. Pour coiffure ils portent un bonnet de même étoffe, orné de deux pointes relevées à l'avant et à l'arrière de la tête. Ils ont le cou et les bras chargés de gris-gris et de bracelets en cuir.

Jamais ils ne circulent sans leurs armes, particulièrement sans un large sabre suspendu à l'épaule gauche, et un poignard à la ceinture.

Pour se rendre d'un village à un autre, le Mandingue ajoute un fusil à ces deux armes inséparables.

Les vieux s'arment d'une lance; les jeunes enfants, jusqu'à la circoncision, portent eux-mêmes des sabres en bois dur, du même type que ceux en fer. Le divertissement favori des hommes est la lutte et ils apportent une certaine passion dans cet exercice. Celui des femmes est la danse, si toutefois on peut désigner de ce nom leurs lents soubresauts à talons joints accompagnés de gestes obscènes. Les naissances et les décès leur fournissent des occasions de réjouissance. Pour ces récréations, qui ont toujours lieu au bruit du tam-tam et des voix glapissantes des griots, ils choisissent des nuits étoilées.

Les indigènes des divers États mandingues de la haute Casamance parlent la même langue. Elle n'est pas écrite. Pour les correspondances on se sert de l'arabe. Les cases mandingues sont construites en forme ronde ou carrée et divisées en compartiments ou chambres pour les membres de la famille. Les murs sont en pisé et la toiture en paille tressée. Une petite porte d'entrée et des ouvertures sont pratiquées sur les faces pour l'aération. Une petite case en paille, en forme de hangar, est spécialement affectée à la cuisine. Les animaux domestiques ont aussi une case pour la nuit; dans le jour ils se répandent de tous côtés dans le village sans être surveillés.

Toutes les cases d'une même famille sont entourées d'une tapade en crinting (enclos en écorce de bambou). Au moment de la récolte, les gerbes de mil et de maïs sont étendues sur les toitures des cases.

Les cases des chefs sont entourées d'une forte palissade de troncs d'arbres.

Les mariages entre Mandingues sont contractés devant le marabout et le chef du village, qui reçoivent chacun un présent en marchandises ou en graines d'une valeur de vingt francs.

Les hommes ont de une à trois femmes, selon leur fortune. Les jeunes filles recherchées en mariage sont achetées à leurs parents. Leur valeur varie suivant l'âge et la beauté. Le prix maximum est de 300 francs.

Les enfants nés d'une liaison avec une captive sont déclarés libres et la mère ne peut plus être vendue.

Lorsque dans un ménage se trouvent plusieurs épouses, elles vivent généralement en bonne intelligence; chacune d'elles prépare les aliments, sauf le cas où, par punition, le mari inflige une interdiction individuelle de cette occupation qui est considérée comme un honneur.

Les principales fêtes observées chez les Mandingues sont celles de la circoncision, de la Tabaski et du Karité.

De 14 à 17 ans, tous les jeunes gens subissent l'opération de la circoncision. Cette opération est faite par les griots médecins exclusivement voués à cette fonction.

La circoncision chez les Mandingues et les Ouolofs donne lieu à des manifestations bruyantes et est annoncée, dès le lever du soleil, par des coups de feu.

Les détonations se succèdent jusqu'à son coucher, avec plus ou moins d'intensité suivant la richesse des parents du jeune homme à circoncire.

Au jour indiqué, les griots, munis d'un large couteau suspendu à la ceinture et précédés des tam-tam, musique obligée de toutes les fêtes, se rendent, suivis d'un nombreux cortège, à la case de l'adulte.

Pour cette cérémonie, tous ceux qui composent le cortège sont parés de leurs plus belles étoffes et de tous leurs bijoux. Les griots revêtent un boubou de couleur éclatante, orné de deux grosses torsades en étoffe retombant sur le dos, et un tablier noué à la ceinture, descendant jusqu'aux pieds. Leur accoutrement ressemble assez à celui des femmes.

A l'arrivée du cortège, le jeune homme prend place en avant des griots et tout le monde l'accompagne à une case isolée des autres et spécialement affectée aux jeunes circoncis. Là, dans cette case, il demeure enfermé trois jours entiers privé de toute communication avec l'extérieur. Pendant six autres jours, après lesquels il rentre dans sa famille, il lui est permis de sortir dans le voisinage, en portant comme marque distinctive de sa nouvelle place dans la société le devant de son boubou sur le dos. Dans cette période de la circoncision, les jeunes gens ont le droit de se livrer à tous les excès, vols, larcins, etc., sans qu'ils puissent être inquiétés. Comme les Foulahs, les Sousous et d'autres peuplades de la Sénégambie, les jeunes filles mandingues sont tenues, elles aussi, de se conformer à la coutume de la circoncision.

La fête de la Tabaski a lieu vers le milieu du douzième mois de l'année musulmane. Cette fête est l'objet de grandes réjouissances. Il est de tradition chez les musulmans d'égorger au moins un mouton dans chaque famille le jour de la Tabaski, et de pratiquer la plus large hospitalité envers les étrangers et les visiteurs pendant toute la durée de la fête. Les tam-tam et les coups de fusil retentissent jusqu'au soir.

Le Karité, jeûne forcé qui dure un certain nombre de jours et qui commence le dixième mois de la même année, correspond au Ramadan des Arabes ; il est fidèlement observé des Mandingues. Pendant toute la durée du Karité, il n'est permis à aucun musulman de prendre de la nourriture, du lever au coucher du soleil.

Les griots sont les ordonnateurs et figurants de toutes les fêtes religieuses, générales ou familières; ils se divisent en trois catégories : les médecins, les musiciens et les chanteurs. Ces derniers s'accompagnent avec une petite guitare faite d'un tronc d'arbre ou d'une calebasse et couverte avec la peau d'une tête de bœuf. Les cordes, au nombre de quatre, sont faites au moyen de crins de cheval tressés.

Chaque chef mandingue de quelque importance compte dans sa suite quelques griots chanteurs qui exaltent sa bravoure, sa grandeur et ses richesses. Ces flatteries, auxquelles les noirs sont naïvement sensibles, font que ces chefs

L'école musulmane à Sedhiou.

perdent toute sagesse et se persuadent aisément qu'ils sont de grands rois redoutables et redoutés.

Ne vivant que des libéralités du chef, un griot bien exercé à son métier ne tarde pas à devenir le plus mauvais et le plus funeste conseiller de celui qui l'écoute.

Ces mêmes chefs ont encore un griot spécialement chargé du tabutal (tam-tam de combat). Il donne le signal d'alarme au village et sert de guide dans les expéditions guerrières. A son appel, tous les hommes doivent immédiatement prendre leurs armes et se mettre à la disposition du roi. Lorsqu'un chef se laisse prendre son tabutal, vénéré à l'égal d'un drapeau, son prestige est perdu, et c'est le plus beau trophée dont son ennemi puisse se parer.

C'est par l'organe du griot que le chef communique ses décisions et ses sentences aux chefs inférieurs et à ses sujets. Adulé et choyé de son vivant, le griot est loin d'être un objet de respect lors de son décès. Son corps est jugé indigne de recevoir la sépulture ordinaire et est abandonné, dans la forêt, aux fauves et aux oiseaux de proie. Dans quelques pays on jette leur corps dans des troncs d'arbres creux.

Les chefs sont possesseurs d'une bonne partie des terres cultivées. Leurs champs sont mis en culture par les habitants du village réquisitionnés à cet effet. En temps voulu, chaque chef de village doit fournir un individu pour cette corvée. Les travailleurs, au nombre de cinquante à soixante pour un champ, se placent sur une seule ligne, et avec une sorte de houe tracent les sillons ou arrachent

Goélette de la Compagnie de la Casamance.

les herbes en chantant. Généralement deux griots vocifèrent à quelques pas en avant en battant le tam-tam. Dans le Souna particulièrement, tous les travaux des champs sont exécutés avec le même cérémonial. Le travail fait en une demi-journée, suivant la superficie du champ, suffit pour l'année entière.

C'est le 20 mars 1837 qu'une commission envoyée du Sénégal en Casamance sur la goélette *l'Aigle-d'Or* vint mouiller devant Sedhiou et passa les premiers traités avec les Mandingues. A cette époque lointaine, les relations furent difficiles avec cette population turbulente, et à différentes reprises il fallut entreprendre des expéditions qui affermirent définitivement le prestige de la France.

La première de ces expéditions fut dirigée par le chef de bataillon du génie Laprade. En 1855, en effet, les gens de Balmadou avaient pillé les embarcations et massacré les équipages; en 1860, ils avaient traîné aux pieds de leurs chefs le commandant de Sedhiou, M. le lieutenant Falin, qui avait débarqué sans méfiance sur leur rivage; — en 1856, les gens de Sandiniéri avaient mis nos comptoirs au pillage; en 1860, ils avaient déclaré insolemment au commandant de Gorée qu'ils n'exécuteraient pas les traités signés avec eux; à la fin de cette même année, ceux de Dioudoubou se partageaient un vol de 2.500 francs fait dans Sedhiou même.

Le 5 février 1861, le chef de bataillon du génie Pinet-Laprade quitta Gorée avec les avisos *Bialmath*, *Africain*, *Grand-Bassam*, *Griffon*, le cutter *l'Écureuil*, la goélette *la Fourmi* et la citerne *la Trombe*. La flottille était commandée par le capitaine de vaisseau Vallon. Le 10, les troupes débarquèrent à Sedhiou, marchèrent sur Sandiniéri, et enlevèrent le village à la baïonnette.

Le lendemain, le capitaine du génie Fulcrand alla détruire Dioudoubou et le *Griffon* brûla le village de Niagabar.

Le 12, on alla enlever et incendier le village de Bombadiou. Le lendemain 13, les chefs de la rive gauche, Souna, et de la rive droite, Pakao et Yacine, vinrent se jeter aux pieds du commandant Pinet-Laprade, implorant la paix et protestant de la plus entière soumission.

La rude leçon infligée en 1861 assura à Sedhiou une ère de prospérité qui se prolongea jusque dans ces dernières années.

En 1882, les Mandingues firent preuve de mauvais vouloir contre notre administration qui accordait le droit d'asile à leurs captifs. Une expédition dirigée par le colonel Bourdiaux imposa un traité de paix au Yacine, au Balmadou, au Souna et au Pakao.

La présence d'une petite garnison à Sedhiou, appuyée par une canonnière stationnaire dans la Casamance, constitue un gage de paix pour l'avenir.

D'ailleurs, au contact des Européens, les Mandingues se forment chaque jour davantage aux idées de progrès et ne songent plus qu'à travailler ou faire travailler pour s'enrichir.

Nous terminerons cette nomenclature déjà trop longue des peuples de la Casamance, en parlant des Foulahs, qui ont depuis quelques années créé un État important, celui de Firdou, dans la haute Casamance.

Depuis quelques années les Foulahs montrent une tendance à se rapprocher de la côte et écartent peu à peu les populations qui détiennent les escales de la côte avec lesquelles ils veulent se tenir en relations directes. Au sud, ils sont maintenant sur le rio Compony et le rio Grande; au nord, ils ont pris pied sur la haute Casamance, la haute Gambie et le haut Cachéo.

Nous croyons indispensable de donner quelques renseignements sur cette race qui n'a aucune affinité d'origine avec la race noire.

Les Foulahs ou Peulhs, qui devinrent maîtres du Soudan depuis leur conversion générale à l'islamisme, c'est-à-dire depuis moins de deux siècles, y sont peut-être venus de l'Orient, amenant avec eux le bœuf à bosse (zébu), qui est le

Le poste militaire de Sedhiou.

même que celui de la haute Égypte et de la côte orientale d'Afrique. De quel pays venaient-ils et à quelle souche humaine appartiennent-ils? Ce sont là questions difficiles à résoudre, aujourd'hui surtout que presque tout ce qu'on avait admis sur les origines de l'humanité est à remanier, en présence des découvertes de l'histoire naturelle et de l'anatomie comparée.

Muller rapproche, comme race et comme langue, les Peuhls et les Nubiens. On trouve aujourd'hui bien peu de Peulhs purs de tout croisement avec les noirs depuis que cette race est devenue guerrière et conquérante et a fondé des empires aux dépens des races nègres.

Leurs cheveux, pourrait-on dire, sont aujourd'hui un peu plus que bouclés et se rapprochent des cheveux crépés, mais ils ne sont certainement pas laineux comme ceux des nègres, et la distinction entre eux, sous ce rapport, est parfaitement justifiée. En outre, la couleur de leur peau n'est que brun clair ou plutôt rougeâtre; leur front est orthognathe, leur nez petit en général, mais cartilagineux et de forme aquiline. En somme, leur visage est agréable au point de vue européen. Comme intelligence et comme caractère, ils sont supérieurs aux nègres; ce n'est pas que l'intelligence proprement dite des noirs, c'est-à-dire la faculté de comprendre, soit bien inférieure à celle des blancs; tout ce qu'on peut dire, c'est que si, dans la jeunesse, leur intelligence paraît quelquefois même plus précoce que celle des blancs, l'âge de la puberté semble arrêter d'une manière fâcheuse leur développement intellectuel.

Quant aux qualités du cœur, ils sont plus sensibles et plus portés au dévouement spontané que les blancs. Mais ce qui fait leur infériorité réelle, c'est le manque de prévoyance, de suite dans les idées; la force active de volonté leur fait défaut, ils n'ont que celle d'inertie; c'est à cause de cela qu'on peut en faire des esclaves. On ne songerait pas à faire des Arabes esclaves : ils assassineraient leurs maîtres. On ne cherche non plus jamais à garder comme esclaves des Peuhls adultes; ils se sauveraient indubitablement.

Quant aux femmes peuhls, il y a un proverbe en Afrique qui dit que si l'on introduit une jeune fille de cette race dans une famille, fût-ce comme captive, elle devient toujours maîtresse de la maison.

Quelle que soit l'origine des Peuhls en Afrique, qu'ils y soient venus, ou non, de l'est du continent et même de plus loin, il est certain qu'ils ont d'abord vécu dans le Soudan à l'état de tribus de pasteurs tributaires des chefs indigènes maîtres du sol.

Les historiens arabes nous apprennent que c'est vers le xe siècle que les Arabes et les Berbères commencèrent à obtenir des conversions de peuples soudaniens à l'islamisme.

Le pays de Tekrour est signalé par les auteurs comme s'étant converti le premier. Tekrour était sur le Niger en amont de Tombouctou. La race peuhl ayant été, d'une manière générale, la première à s'identifier complètement

Les tirailleurs de la garnison de Sedhiou.

avec l'islamisme, le nom de Tekrouri, signifiant soudanien musulman, lui a été plus spécialement appliqué.

Vers la fin du XIIIe siècle, des marabouts peuhls du Niger allaient déjà chercher à convertir la contrée à l'est; ils faisaient des pèlerinages à la Mecque. Au siècle suivant (XIVe), un État peuhl, mais non musulman, était fondé sur le Sénégal; les Peuhls s'y convertirent et s'y croisèrent avec les noirs.

Les Maures du Sénégal leur appliquèrent, suivant l'usage, le nom de Tekrouri lorsqu'ils furent devenus musulmans; les noirs de notre colonie, et par suite les Français, leur donnèrent ce même nom devenu dans leur langue *Tokuror*, *Tokolor*, Toucouleurs, et ils leur appliquèrent ce nom, à eux Peuhls mêlés de noirs, à l'exclusion des tribus peuhls restées pures auprès d'eux, de sorte que, pour les Sénégalais, aujourd'hui Toucouleur veut dire croisé de noir.

Les femmes portent un pagne qu'elles serrent à la ceinture et un petit boubou; ce boubou est ordinairement blanc, le pagne de couleurs tranchantes. Leur tête est couverte d'un long voile, blanc ou bleu, avec lequel elles se cachent la figure, lorsqu'elles sortent, ou devant les étrangers. Elles affectionnent l'ambre dont elles font des colliers; elles le mêlent à leurs cheveux. Quant aux captives, elles ont pour vêtement un pagne qui entoure à peine le corps. Les jeunes filles sont gracieuses, quelques-unes sont même jolies; leurs grands yeux bordés de longs cils ont une expression de douceur incomparable; leurs seins sont d'une forme remarquable et leurs épaules bien modelées; leurs bras ont les extrémités fines; elles sont en général minces et élancées et leur teint est plutôt jaune que noir. Leurs pieds et leurs mains ont une petitesse remarquable; leurs poignets et leurs chevilles sont chargés de bracelets; leurs grands yeux voilés de noir donnent un charme délicat à leur physionomie.

Hommes et femmes montrent une grande propreté; leurs cases, leurs habillements, leurs ustensiles de ménage sont à chaque instant lavés et nettoyés.

Excessivement jaloux, les Foulahs placent les cases de leurs femmes à l'intérieur de leurs habitations et personne n'y doit pénétrer. Lorsqu'un Foulah veut se marier, il va trouver le père ou le maître de la femme qu'il veut épouser, pour en obtenir la permission de lui faire la cour. Lorsque cette permission lui est accordée, il fait des cadeaux à sa future qu'il va voir tous les soirs. Quelque temps après, on règle le prix de la dot qui est ordinairement de dix captifs pour une femme libre, de deux pour une femme esclave. Lorsque partie de la dot a été payée, la femme est conduite chez son futur, où un marabout vient consacrer le mariage par des prières; ensuite on tire des coups de fusil; le mari tue un bœuf et donne un repas à sa famille et à ses amis. Si la femme est captive, elle ne change pas de condition, travaille pour son maître, et va seulement coucher et manger chez son mari jusqu'à ce que celui-ci ait pu la racheter, ce qu'il fait presque toujours quand elle a un garçon.

Les enfants sont circoncis, les filles en naissant, les garçons à 15 ans.

Lorsqu'un Peuhl meurt, le cadavre, après avoir été lavé, est enveloppé dans un morceau d'étoffe. Pendant la nuit qui suit le décès, les parents veillent et font des prières : puis on l'enterre en le couchant sur le côté gauche, la tête tournée vers l'orient.

Après l'enterrement, la veuve ou les enfants tuent un ou plusieurs bœufs, suivant la condition du défunt, et en distribuent la viande ainsi que du couscous aux habitants du village.

Les champs sont cultivés avec soin, surtout leurs rizières qu'ils établissent près du fleuve sur des terrains inondés par les hautes eaux. Après avoir labouré ces terrains, ils les divisent en carrés séparés entre eux au moyen de petits murs en terre qui servent à retenir les eaux. Ils en ensemencent une partie et, lorsque le riz a atteint une certaine hauteur, ils le transplantent dans les carrés restés vides; lorsqu'il est près de mûrir, ils font écouler les eaux. Ils récoltent un peu de coton et ont des champs d'indigotiers et de sésame comme tous les autres habitants de la Casamance.

Leurs femmes filent dans la belle saison le coton qu'elles ont récolté et le teignent pour en faire des pagnes. Avec l'écorce du baobab qu'elles laissent tremper pendant deux ou trois jours et qu'elles divisent en petits filaments, elles font des cordes excessivement solides, d'une régularité étonnante et d'une longue durée. Les Foulahs s'en servent pour entraîner leurs chevaux et attacher leurs bestiaux.

Le Firdou a été conquis par une population de Foulahs déjà très mêlés, et, comme dans les autres pays conquis par les Foulahs, la fusion s'effectue entre la race conquise et la race envahissante.

De même que dans le Sénégal, ces Peuhls se sont mêlés aux Ouolofs et aux Sérères. Dans le Firdou, ils se mêlent aux débris des populations qui ne suivirent pas le mouvement de recul des Mandingues alors qu'ils possédaient le pays.

Aujourd'hui les Peuhls sont maîtres presque partout, du cap Vert au lac Tchad, sur 30 degrés de longitude et entre les latitudes de 10° à 15° Nord, c'est-à-dire dans une zone de 80,000 à 90,000 lieues carrées.

Les envahisseurs sont généralement minces et de taille élevée; ils ont l'air guerrier, quoique industrieux et agriculteurs.

Ils s'adonnent d'ailleurs aux travaux paisibles, mais leur situation de conquérants leur crée des devoirs, aussi sont-ils toujours sous les armes, prêts à repousser les retours offensifs des populations dépossédées par eux.

C'est en 1860 que les Peuhls du Gabou envahirent le Firdou et le Pakao avec 4,000 hommes et 1,500 chevaux.

Moussa-Molo est le roi actuel de cet État de création récente. C'est un homme de 40 ans, intelligent et animé d'idées de progrès. En 1883, il signa un traité d'alliance avec la France.

Diannah Malary, — situé à 70 kilomètres à vol d'oiseau à l'est de Sedhiou, actuellement le point extrême de la navigation sur la Casamance, — par suite de la présence d'un banc de vase molle qui barre le fleuve, est la première escale du Firdou. En utilisant le cours de la Casamance encore navigable au-dessus de Diannah, on pourra atteindre Baniafaré, situé à 60 kilomètres dans l'est de Diannah et à 130 kilomètres de Sedhiou. On ouvrira alors des relations commerciales au cœur même du Firdou. Ce pays a un grand avenir commercial, car il produit du caoutchouc d'excellente qualité

Pâturage de la Casamance.

et en quantité considérable. Le caoutchouc découle par incision d'une liane appelée *Toll* par les indigènes. Celui qu'on recueille sur la Gambie provient d'une autre liane du nom de *Mada*; il est d'une qualité inférieure.

La résidence de Moussa-Molo est Amdalaye, grand village situé à 15 kilomètres de Baniafaré et a 45 kilomètres de la Gambie.

Le Firdou, qui acquiert chaque jour une importance plus grande, se trouve enclavé au milieu des populations mandingues; il est limité au nord par la Gambie, de Mac-Carty à Oualibacounda; à l'ouest, il est contigu aux États du Yamina, du Diara, du Soumboudou, du Pakao et du Brassou. Puis la frontière forme un angle et vient traverser le rio de Cachéo au-dessus de Farim et le rio Geba au-dessus du poste de ce nom; elle s'infléchit ensuite vers le sud pour englober le Payongou et le Paquesi ; au sud, le Firdou est borné par la rivière Mana et, à l'est, par le Gabou et le Kantora.

Pour compléter cette longue nomenclature des populations fétichistes et musulmanes qui habitent la région de la Casamance, il faudrait encore parler des Sarrakolets et autres races sénégalaises qui forment d'importantes colonies dans la rivière et de certaines populations comme les Fouloups de Brin ou les Bagnouns, qui parlent une langue inconnue de leurs voisins et qu'il est difficile de faire rentrer dans un des groupes de populations énumérées ci-dessus. Nous parlerons toutefois des Gourmettes ou Mandiagos qui constituent la population chrétienne de la rivière.

Les Portugais qui s'établirent, au siècle dernier, à Cachéo, à Santo-Domingo, à Farim, à Zighinchor, à Djami, dans la région d'Adéane et dans d'autres endroits, se fixèrent sans esprit de retour. Aussi épousèrent-ils des femmes du pays et firent-ils souche de cette population métisse si nombreuse dans la Guinée. Les alliances facilitèrent les rapprochements et les bonnes relations avec les indigènes, surtout à une époque où l'islamisme ne pouvait, en aucun cas, empêcher le noir de se façonner aux idées de l'Européen.

Aussi une foule d'indigènes fixés auprès des Portugais, et unis à eux par les liens du sang, se plièrent-ils, sans résistance, aux mœurs des nouveaux venus, et subirent-ils leur influence religieuse.

Ainsi se forma la population des *Gourmettes* et des *Mandiagos*. Encore aujourd'hui ils portent un christ en cuivre sur la poitrine ; c'est un héritage de leurs ancêtres. Mais, tout en se donnant pour chrétiens, les Mandiagos n'en sont pas moins polygames, quelque peu ivrognes et débauchés. Toutefois ils sont bons cultivateurs et excellents mariniers. Leurs femmes s'habillent convenablement et ne manquent pas d'une certaine élégance, parfois même d'une certaine distinction, si l'on peut employer ce terme à leur égard.

Toutes les cérémonies, mariages, enterrements, sont, pour les Mandiagos, une occasion de boire eau-de-vie et vin de palme. Quand une jeune fille se marie, toutes les femmes de la ville se rassemblent, s'habillent de leur mieux et l'accompagnent avec des chants et des cris de maison en maison. Il est alors d'usage d'offrir un cadeau à la fiancée et du vin de palme au cortège.

Les jours de fête religieuse, les Mandiagos font des processions, et les manifestants s'arrêtent devant les maisons de leurs congénères pour faire des libations. On peut juger de la tenue des fidèles après quelques heures de pérégrination.

Il n'en est pas moins vrai que les Mandiagos se flattent de tenir aux Européens, qu'ils en recherchent les habitudes et s'honorent d'avoir leurs usages ; aussi les endroits qu'ils habitent peuvent-ils être considérés comme des noyaux de colonisation. Ce sont eux qui achètent, en grande partie, en Casamance, les stocks énormes d'effets confectionnés et d'objets à l'usage de l'Européen que le commerce y écoule.

Indigènes de la Casamance à l'ancienne et à la nouvelle mode.

La réunion de tant de races d'origines différentes, parlant des idiomes qui ne se ressemblent pas et ayant des mœurs si opposées, constitue un fait unique sur la côte d'Afrique. Il s'est produit pour cette unique raison que, la région étant d'une très grande richesse, les populations ont toujours cherché à y parvenir et à s'y établir. Contrairement à ce qui a pu se produire ailleurs, les populations les plus anciennes n'ont pu disparaître devant le flot des invasions successives, car ce pays est si boisé et si découpé par des marigots larges et profonds que les populations habitent dans des refuges inexpugnables pour les noirs.

Aujourd'hui cette intéressante région est entrée dans une voie de progrès toute particulière, ce qui a été singulièrement facilité par ce fait que les populations qui l'habitent, étant de race et d'origine multiples, se font équilibre et sont particulièrement maniables pour l'Européen qui a tout intérêt au maintien de la paix, et le mouvement de migration se continue toujours, car les gens qui viennent se fixer en Casamance sont assurés d'une vie facile et lucrative. Aussi les Mandiagos de la Guinée portugaise émigrent-ils par colonies entières pour venir bénéficier en Casamance du calme qu'une politique malheureuse ne procure plus à la colonie voisine.

Toutes ces populations forment un groupe numérique important. Des statistiques officielles récentes estiment le montant de cette population à 300,000 habitants. Cette évaluation est très inférieure à la réalité. On ne tient compte, en effet, ni des grandes masses de populations qui sont répandues sur les territoires de la haute Casamance, ni de celles qui habitent les villages enfouis au milieu des mystérieuses forêts de la basse Casamance et qui sont encore inconnues.

LES PRODUCTIONS DE LA CASAMANCE

CONDITIONS FAVORABLES A L'AGRICULTURE EN CASAMANCE. — QUELQUES NOTIONS DE STATISTIQUE. — EXPLICATION DES ÉCHECS SUBIS AUTREFOIS DANS LES TENTATIVES AGRICOLES DES EUROPÉENS AU SÉNÉGAL. — CULTURES DE LA CASAMANCE.

La richesse de la végétation assure une production si abondante que la Casamance semble susceptible, — au prix, il est vrai, d'efforts qui ont besoin de l'impulsion de l'Européen, — de rivaliser avec les régions les plus favorisées de l'Amérique du Sud ou de la mer des Indes.

La régularité des saisons, le retour périodique des pluies qui commencent à date à peu près fixe, sans variation d'une année à l'autre, et cessent de tomber également à la même date chaque année, constituent une garantie de réussite pour les récoltes.

La grande masse d'eau qui s'étale dans le fleuve et dans ses innombrables ramifications — son ensemble représente en surface le 1/20e de la superficie du territoire de la Casamance — subit, sous l'action du soleil intertropical, une évaporation qui produit chaque nuit de fortes rosées et assure, pendant la saison sèche, l'humidité nécessaire à l'agriculture. C'est l'abondance de ces rosées qui explique peut-être que la riche végétation de la Casamance se maintienne si verte jusqu'aux derniers jours de la saison sèche.

La production de la Casamance peut se diviser en trois catégories : les produits cultivés par les indigènes pour leurs besoins, ceux qu'ils cultivent également pour l'exportation, et les richesses naturelles exploitées par les indigènes pour leurs besoins et pour l'exportation.

Tout en établissant cette division, il est nécessaire de faire remarquer qu'un grand nombre de produits cultivés par les indigènes, uniquement pour leurs besoins, pourraient l'être en plus grande quantité pour alimenter l'exportation, et que les richesses naturelles sont à peine exploitées.

Le rôle principal et naturel de l'Européen est donc d'amener l'indigène à *augmenter et à varier sa production pour l'exportation; il doit lui donner* l'exemple, en introduisant et en dirigeant des cultures où se rencontreront les multiples produits susceptibles d'être acclimatés. Enfin lui seul pourra diriger fructueusement l'exploitation des richesses enfouies dans les impénétrables forêts de cette région.

Avant d'entrer dans le détail des productions exploitées et exploitables, il est nécessaire de fournir quelques éléments de statistiques concernant la population des territoires que nous envisageons dans cette étude, et la répartition approximative en superficie, des terres, forêts, eaux et cultures.

Les territoires de la Casamance sur lesquels nous avons déjà fourni des renseignements de diverse nature représentent une superficie de 20,000 kilomètres carrés habités par une population qui n'est pas inférieure à 400,000 individus; ce qui fait une moyenne de 20 habitants par kilomètre carré.

Ces 400,000 habitants cultivent annuellement pour leur consommation ou l'exportation 100,000 tonnes de riz, de mil, de maïs, de sésame et d'arachide, etc. Le rendement étant d'environ 2 tonnes par hectare pour ces divers produits, les superficies cultivées sont de 50,000 hectares, soit 500 kilomètres carrés de superficie. Le 1/40e du territoire est donc actuellement cultivé. Les superficies en rivières et marigots représentent environ 100,000 hectares, soit 1,000 kilomètres carrés, le 1/20e du territoire. Les superficies en friche, les terrains salins propres aux cultures de cocotiers représentent une superficie d'environ 50,000 hectares, soit 500 kilomètres carrés, 1/40e. Il reste donc 18,000 kilomètres carrés qui sont en forêts plantées de riches essences, de palmiers à huile et de lianes à caoutchouc. Ces 18,000 kilomètres carrés représentent une superficie forestière égale à 180 fois celle de la forêt de Fontainebleau.

Pour établir des points de comparaison, nous ferons remarquer que la Nouvelle-Calédonie, qui a 17,000 kilomètres carrés de superficie, n'a que 50,000 habitants; que la Martinique, dont la production est si importante, mais dont le sol n'est pas plus riche que celui de la Casamance, et qui se trouve dans des conditions tropicales analogues, n'a que 749 kilomètres carrés de superficie, pas même le 1/20e de celui de la Casamance; enfin que la Corse, dont la superficie correspond à peu près à celle du territoire de la Casamance, n'a que 250,000 habitants.

Lorsqu'on a parcouru ces champs bien cultivés, qu'on a vu ces beaux villages où les habitations des indigènes, ces fermes africaines, sont construites en pisé avec des murs épais, élevés parfois de 6 à 8 mètres, et surélevées par de vastes greniers où s'accumulent les immenses produits de la récolte, on est obligé d'admirer la fécondité de cette terre si riche, et ce climat si bienfaisant pour l'agriculture, et l'on rend, dans une certaine mesure, hommage aux efforts des indigènes, tout en comprenant qu'ils ont besoin d'être encouragés et dirigés.

Quand on a vu en Casamance combien les efforts faits pour l'agriculture sont susceptibles d'être couronnés de succès, l'on comprend qu'au Sénégal, région voisine, mais malheureusement moins favorisée par la nature, — car elle souffre du voisinage des régions brûlantes et désolées du Sahara, — des hommes au caractère élevé qui formaient le rêve de doter la France d'une colonie comparable à celles qui se créaient de l'autre côté de l'Océan, en Amérique, aient fait des efforts considérables et aient réclamé le concours de subventions importantes pour ouvrir une ère de colonisation agricole. On ne peut s'empêcher de regretter amèrement que leurs efforts n'aient pas été portés en Casamance, où la réussite eut récompensé leurs généreux efforts; ils auraient créé une situation toute différente de celle que nous avons sur la côte d'Afrique, où nous ne sommes encore que des marchands et à peine des colonisateurs.

Je vais rappeler ce qui a été fait autrefois au Sénégal pour la colonisation agricole et faire ressortir les causes d'insuccès. On verra de la sorte que la réussite ne repose que sur un choix judicieux des régions où les tentatives de colonisation sont exécutées.

En 1821, le gouvernement colonial prit toutes les dispositions qui pouvaient déterminer les Européens et les indigènes à concourir aux essais de la colonisation.

Le gouvernement accorda des primes, distribua des instruments aratoires, des vivres pour les travailleurs; il fonda un jardin pour la naturalisation des plantes exotiques. Enfin il participa avec une grande libéralité à tous les frais de premier établissement.

Grâce à ces encouragements, l'étendue du territoire concédé se couvrit bientôt d'établissements agricoles que l'on divisa en quatre cantons.

Le premier fut celui de Dagana, le second fut créé à Richard Toll, le troisième s'appela Faf et le quatrième Lampsar.

Huit plantations groupées dans les environs de l'île de Saint-Louis composèrent en outre un canton rural.

La culture du cotonnier fut une des premières à laquelle se livrèrent les colons. Le gouvernement accorda une prime par chaque arbuste.

Malheureusement les nouveaux colons usèrent alors de supercherie et lorsque les agents officiels venaient procéder au recensement, on fichait en terre, pendant la nuit qui précédait les inspections, des branches de cotonniers que les trop confiants inspecteurs comptaient pour des arbustes vivants.

Après quatre années d'essais, le gouvernement modifia les conditions dans lesquelles il accordait les primes.

L'on songea alors à la culture de l'indigofère, plante qui croît spontanément dans les régions de la côte occidentale d'Afrique. On sema en indigofère des terrains immenses et l'on construisit des indigoteries splendides. La fièvre de l'indigo remplaça celle du coton.

La qualité des produits obtenus égalait bien celle des indigos du Bengale, mais cinq années d'expérience démontrèrent que le prix de revient était trop élevé pour permettre de lutter sur les marchés d'Europe avec les indigos indiens.

En 1830, on supprima toutes les allocations qui figuraient au budget pour encourager la colonisation : ce fut le signal de la fuite des planteurs.

Le cotonnier et l'indigofère ne furent pas les seuls végétaux que l'administration de la colonie tenta de naturaliser au Sénégal ; elle entreprit aussi la culture du caféier, de la canne à sucre, du poivrier noir, du cannelier, du giroflier, du séné, du rocouyer, de la salsepareille et du mûrier, et préconisa l'éducation de la cochenille et des vers à soie. Les essais réussirent parfaitement au jardin-pépinière de Richard Toll, mais les tentatives furent infructueuses dans les cantons agricoles des environs de Saint-Louis.

Ces territoires sablonneux placés dans le voisinage du Sahara dont le souffle dessèche la sève des végétaux, produisant les effets analogues à ceux de la gelée dans les régions froides, étaient aussi mal choisis que possible pour ces tentatives qui ne sont susceptibles de réussir qu'à la condition de s'éloigner du Sahara et d'atteindre au moins la latitude de la Gambie.

Le gouvernement du Sénégal avait rêvé de remplacer un système d'occupation sans avenir, presque sans but, par une vaste organisation agricole, il ne sut l'appliquer, et son échec donna raison au parti qui voulait s'en tenir exclusivement au trafic. Les vieux traitants chantèrent un *Te Deum*; leurs prophéties se trouvaient réalisées.

Les essais de culture eurent leurs apologistes et leurs détracteurs; ces derniers, affectant de ne pas comprendre les vues élevées qui avaient décidé l'entreprise, ou incapables de la comprendre, se sont montrés critiques impitoyables, violents, jetant, presque de gaieté de cœur, le ridicule et le découragement à ceux qui croyaient au succès.

Il n'en est pas moins vrai que si la capitale du Sénégal, où toute la vie de la colonie était alors concentrée, se fût trouvée dans le voisinage ou sur le territoire de la Casamance, ces essais eussent été couronnés du succès le plus éclatant.

Les cultures qui se rencontrent en Casamance sont :

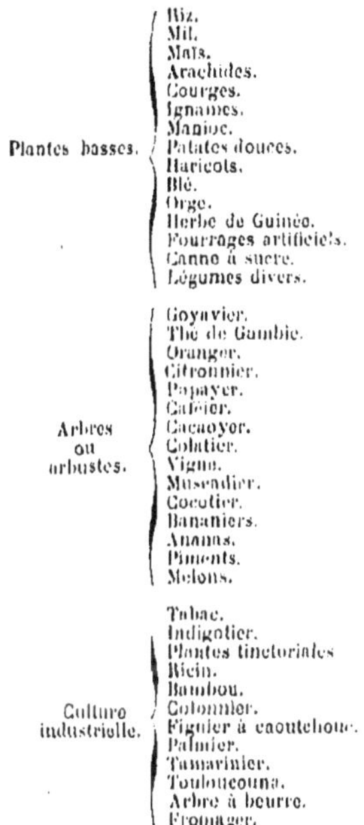

Plantes basses.	Riz. Mil. Maïs. Arachides. Courges. Ignames. Manioc. Patates douces. Haricots. Blé. Orge. Herbe de Guinée. Fourrages artificiels. Canne à sucre. Légumes divers.
Arbres ou arbustes.	Goyavier. Thé de Gambie. Oranger. Citronnier. Papayer. Caféier. Cacaoyer. Colatier. Vigne. Musendier. Cocotier. Bananiers. Ananas. Piments. Melons.
Culture industrielle.	Tabac. Indigotier. Plantes tinctoriales Ricin. Bambou. Cotonnier. Figuier à caoutchouc. Palmier. Tamarinier. Touloucouna. Arbre à beurre. Fromager.

C'est dans les régions basses, voisines du fleuve et des marigots, que s'étalent les rizières bien entretenues par les indigènes. Elles sont ensemencées en juin, au commencement de la saison des pluies, et la récolte se fait en novembre quand les pluies cessent. Sur ces terrains où l'eau est endiguée, les indigènes peuvent à leur gré faire deux récoltes.

Sur les premiers ressauts du terrain, au delà de ces rizières, qui sont inondées pendant quatre mois de l'année, apparaissent les villages dont les habitations isolées au milieu de jardins et de bosquets sont disséminées parfois sur des longueurs de plusieurs kilomètres. Au delà des villages, sur des terrains gagnés sur la forêt, se rencontrent d'autres cultures de mil, maïs, cotonniers, indigotiers, etc. Si ces cultures sont pratiquées sur des terrains où l'eau s'écoule difficilement, les indigènes disposent alors la terre en petits mamelons assez réguliers, de forme légèrement conique, ayant environ 75 centimètres de large pour 30 centimètres de hauteur; le but de cette opération est d'éviter la dispersion des semis pendant les tornades et de permettre à l'eau de séjourner autour de ces monticules. Ces cultures se font également en juin ou juillet, et les récoltes en septembre ou en octobre. Il est encore facile sur ces terrains de faire un deuxième semis donnant une récolte en janvier ou février; on empêche, par cela même, l'envahissement du sol par les plantes sauvages.

Dans la région basse et la région moyenne de la basse Casamance, le riz est cultivé sur des superficies immenses et les indigènes de ces régions en vendent des quantités importantes pour l'exportation dans les régions voisines.

Le riz donne de 80 à 150 pour 1, et le rendement par hectare bien défriché dépasse 4,000 kilos; il est à petit grain et comparable aux meilleurs riz de Carabane. Avec la paille, les indigènes fabriquent des chapeaux et des corbeilles.

Les rizières sont en majorité admirablement entretenues et sont endiguées pour permettre à l'eau de séjourner plus longtemps. En dehors des rizières humides dont nous venons de parler, les indigènes cultivent encore souvent le riz sur des terrains où l'eau ne séjourne pas; ce riz de terrain sec est très apprécié.

Sur les terres qui ont été plantées en maïs on sème, après la récolte, du mil ou des arachides. Le maïs, par sa composition, se rapproche beaucoup des aliments types; aussi est-ce le seul grain qui puisse, sans aucun mélange, remplacer l'orge et l'avoine. Un hectare bien défriché et planté en maïs donne 3 à 4 tonnes de rendement; récolté encore vert, lorsqu'il est en fleur, pour servir de fourrage, il peut donner jusqu'à 150 tonnes de produit, autant qu'une superficie de 6 hectares de tout autre produit.

Au milieu de ces champs il n'est pas rare de trouver des tiges de haricots.

Il y en a un très grand nombre de variétés; on en trouve des blancs, des roses, des gris, etc. Ils sont petits et ont bon goût; ils sont également semés dans les champs de mil.

Quatre principales espèces surtout sont très cultivées. On fait le semis en mettant une douzaine de grains par trou; à la récolte, on a 4 tonnes de rendement par hectare.

La récolte du maïs et du petit mil a lieu le troisième mois après les semailles, celle du gros mil le cinquième mois; les haricots mettent un peu moins de temps que le gros mil; les arachides, plus lentes à mûrir, restent en terre quelquefois jusqu'à sept mois; on fait souvent une double récolte sur les terrains suffisamment humides.

Les abords d'un village pendant la récolte des céréales.

Les indigènes cultivent plus particulièrement quatre variétés de gros mil, deux de maïs, deux de haricots, une rouge à grains très gros, une blanche assez petite; du riz qui vient en terrain sec et celui qui est cultivé dans les terrains bas; deux variétés d'arachides *Hypogea*, d'abord celle que tout le monde connaît, et une autre dont la gousse ne contient qu'une seule graine. Cette dernière, dont la partie herbacée est d'une grande ressource dans le pays comme plante fourragère, est une papilionacée à fleur bleue qui rappelle la légumineuse de jardin connue sous le nom de *Pois lupin :* son fruit hypogé est sphérique, sa grosseur est à peu près celle du pois chiche ; sa gousse, blanche et charnue, tient, comme l'arachide ordinaire, à des filaments tubulaires, très déliés et très ramifiés. Cette graine, connue dans le pays sous le nom de *Niébé*, contient très peu d'huile, mais elle est riche en fécule et a le goût du haricot.

Nous avons dit qu'il y avait quatre variétés de gros mil ; ce sont :

Le *fela*, dont la tige est sucrée et la graine très estimée;

Le *fela-bou-rher*, dont la tige est moins sucrée ;

Le *fela-bou-khanez*, ou le *kortiamo* (sorghum Rubens), dont la tige fournit une matière colorante.

La tige du sorghum, qui atteint une hauteur de plus de trois mètres, contient en outre du sucre dans une proportion très considérable : elle est très dure et serait peut-être susceptible d'être utilisée par l'industrie, pour la fabrication du papier. Elle n'est actuellement utilisée par les indigènes que pour la teinture.

A la partie vaginale de la feuille du gros mil (*sorghum Rubens*), se trouve en effet déposée une matière colorante rouge groseille servant principalement à teindre les cuirs. Voici comment on procède pour la préparation de cette teinture. On prend des tiges de petit mil, on les fait sécher au soleil et on y met le feu. Les cendres provenant de cette combustion sont placées dans un vase à double fond percé de trous ou dans tout autre récipient propre à la distillation ; l'eau jetée sur ces cendres est soigneusement conservée. Il ne faut pas confondre les tiges du petit mil avec les tiges du gros : ce sont ces dernières qui seules fournissent la matière colorante. Celle-ci est recueillie au moment où le sorghum atteint sa maturité; on la trouve en quantité plus ou moins grande à la partie interne de la naissance des feuilles, au renflement des nœuds.

On procède aussi d'une autre façon qui est la suivante. On arrache les feuilles, on les casse en petits fragments et on les fait macérer soit dans l'eau, soit dans la bouche. On pétrit ensuite ces fragments avec beaucoup de précautions afin d'éviter la perte du principal colorant, et on en forme des boules de petite dimension. Ces boules sont ensuite délayées dans une faible quantité de la lessive des cendres du petit mil.

Ce sont là les deux modes de préparation en usage. La couleur ainsi obtenue ne manque pas d'éclat ; mais elle est fort inférieure au carmin ; elle est toutefois très durable, particulièrement quand elle est appliquée sur les cuirs. On ne l'emploie guère d'ailleurs que dans ce cas, et avant de teindre les cuirs on les frotte de beurre et on les lave à l'eau chaude.

La distillation du gros mil permet d'obtenir un alcool utilisable pour la fabrication des eaux-de-vie de table; le rendement en alcool est de 4 1/2.

Décorticage des arachides sous la galerie d'une factorerie de la Casamance.

Le coton, qui pousse à l'état sauvage, est cultivé autour de la plupart des villages; il est à courte soie, mais de qualité supérieure; toutefois le décorticage à la main fait par les indigènes est actuellement trop onéreux pour que l'on puisse songer à l'employer industriellement, il faudrait tout au moins avoir recours aux machines en usage dans les pays de production industrielle. Les indigènes utilisent le coton pour leur usage, et les vêtements fabriqués avec les bandes faites dans le pays sont d'une solidité remarquable.

Les frais de culture et de récolte d'un hectare de cotonniers s'élèvent peut-être, pour les indigènes, à 500 francs, et le rendement brut n'est que de 800 francs.

On pourrait utiliser l'huile des graines de cotonnier, dont les indigènes ne font aucun usage.

L'arbre à beurre, ou karité, est très commun dans le haut de la Casamance; c'est un bel arbre dont le fruit est de la grosseur d'une noix, enveloppé d'une coque assez mince. La récolte se fait en mai et juin. Pour utiliser ces fruits, on les réunit dans des trous et on les y laisse pourrir pour les séparer de la chair qui les enveloppe. Ensuite on fait griller ces noix dans des chaudières. On extrait alors l'amande intérieure dont on forme une pâte homogène.

Les bestiaux ne mangent en Casamance que les fourrages naturels qui sont quelquefois rares vers la fin de la saison sèche. Il serait facile d'en cultiver pour être approvisionnés pendant cette saison, et parmi ceux qui pourraient être introduits en Casamance, il faut citer le *Canon du Caucase* qui donne, par hectare, 300 tonnes de nourriture verte, et la *Téonsite*, plante originaire du Guatémala et importée avec succès en Asie.

Une espèce de thé vient à l'état sauvage. On fait sécher les feuilles qu'on utilise pour faire des infusions; ce thé ressemble assez, comme goût, au thé de Chine; l'amertume est plus prononcée et il remplace dans une certaine mesure le thé asiatique; il n'a pas les propriétés énervantes de ce dernier, et est un calmant pour l'estomac.

L'arachide est cultivée en Casamance pour l'exportation. La production est de 4 à 6,000 tonnes, mais une partie de la récolte était, dans ces dernières années, portée en Gambie et dans le Cachéo, et il ne sortait de la Casamance que 3,500 à 4,000 tonnes de ce produit. Aussi, en organisant mieux le drainage, le chiffre de l'exportation actuelle peut être susceptible d'augmenter dans de fortes proportions.

Ce n'est que vers 1840 qu'on commença à cultiver sur la côte d'Afrique ce précieux produit qui donne par hectare, bien cultivé, de 60 à 100 hectolitres en cosses, soit de 2,000 à 3,000 kilos, car le poids d'un mètre cube d'arachides en cosses est de 300 à 330 kilos.

Le Cayor, le Saloum et la Gambie produisent actuellement 65 à 70,000 tonnes par an, représentant en valeur de 17 à 19 millions.

L'amande de l'arachide contient entre 50 et 52 0/0 d'huile. L'huile comestible qu'on en tire vaut 75 à 120 francs les 100 kilos.

Le tourteau réduit en farine constitue une nourriture excellente pour le bétail; il se vend de 16 à 18 francs les 100 kilos. La cosse de l'arachide donne un riche fumier et se vend 3 francs les 100 kilos. La cosse représente en poids le quart de la graine et peut s'employer comme combustible.

On a fait un moment en Casamance le décorticage des arachides pour utiliser la main-d'œuvre peu coûteuse et tirer bénéfice des frais de transport qui se trouvaient réduits. La graine mise hors de sa cosse ne conservant pas sa bonne qualité, on a renoncé à cette façon de faire.

Il n'est pas rare de rencontrer des petites plantations de tabac auprès des villages foulahs; ils l'appellent *tankoro*. Cette plante aime une terre douce, sablo-argileuse; elle donne ses meilleurs produits dans les terrains chargés d'humus. Il lui faut la chaleur et l'humidité. Dans leurs plantations, les indigènes séparent les pieds par des intervalles de 50 centimètres et, après le repiquage, ils les sarclent tous les deux jours. La qualité du tabac obtenu a une valeur marchande importante, car ce produit se vend toujours plus d'un franc le kilo. Avec des graines de meilleure qualité on obtiendrait de meilleurs

Jeunes filles décortiquant le riz.

résultats. Dans les conditions actuelles, une plantation de 1 hectare occasionne de 4 à 500 francs de frais et donne une récolte de plus de 2,000 kilos dont la valeur dépasse 2,000 francs.

La pourghère et le ricin se rencontrent partout à l'état sauvage. On sait que la graine de ces plantes est très oléifère, car elle contient 60 0/0 d'huile. Mais les indigènes, qui se piquent les doigts pour faire la récolte et ne peuvent laisser les enfants manipuler ces graines qu'ils seraient tentés de manger, ne s'intéressent pas à cette culture.

Dans la haute Casamance, les bambous sont utilisés pour faire des lattes, des cribles, des paniers, des cages, des nattes et des clôtures.

Quant aux légumes, tous ceux d'Europe prospèrent. Nous citerons notamment les haricots, les pois, les fèves, les choux, les salades, les navets, les raves, carottes, betteraves, cresson, qui donnent d'excellents résultats et sont cultivés dans les jardins des factoreries et les plantations de la Compagnie.

Nous ne parlerons pas des pommes de terre dont les produits dégénèrent, mais ce tubercule est remplacé dans une certaine mesure par la patate et le manioc, ses similaires. Quant aux cucurbitacées telles que les melons, les concombres, elles prennent des dimensions très grandes et sont d'un goût exquis; pour ces cultures maraîchères, il faut faire venir des semences tous les ans de France, sans quoi les légumes dégénèrent par suite de l'excès de végétation.

Les légumes peuvent être cultivés pendant neuf mois de l'année; il sera toujours bon d'employer les trois autres mois au labour et à la fumure des terres, si l'on ne veut pas les épuiser rapidement.

Chez les indigènes on rencontre couramment les patates douces, le manioc, les petites raves, des oignons, des haricots et d'autres légumes dont le nom nous échappe et que les ménagères mêlent au riz ou au couscous. On rencontre également une espèce de poivre et le gingembre. Cette dernière plante, qui pousse avec la plus grande facilité, donne lieu à un mouvement d'exportation très important sur certains points de la côte d'Afrique.

La base de la nourriture des Foulahs est la *poigna*. Cette graminée, qu'il faut signaler, donne une petite graine qui pourrait avantageusement remplacer la semoule et dont la farine contient des principes nutritifs qui en font l'équivalent de celle du blé. C'est un aliment qui donne surtout des résultats remarquables dans l'alimentation de l'enfance.

La canne à sucre, qui se rencontre un peu partout, vient très bien et ne se repique que tous les cinq ans.

Les forêts contiennent de nombreuses espèces de fruits sauvages; ceux que l'on rencontre dans les vergers sont les oranges, les citrons, les bananes, les papayes, les mangues, les ananas, les noix de kola et le fruit du caoutchouc qui est excellent en même temps qu'un antifébrifuge.

La Compagnie de la Casamance s'efforce d'introduire tous les arbres fruitiers étrangers susceptibles de s'acclimater, et elle obtient dans cette voie d'excellents résultats. Elle a introduit le *musa enseti*, bananier d'excellente espèce qui donne des fibres textiles de bonne qualité.

La vigne est répandue en Casamance comme dans toute la Sénégambie, où elle avait été signalée bien avant le botaniste Lecard qui en a revendiqué la découverte.

Les Anglais en ont étudié plusieurs espèces aux îles de Los et à Sierra-Leone.

Le fruit ressemble à notre raisin, mais est plus petit. Malgré les essais infructueux de MM. Maillard et Gaillard aux îles de Los, M. Guilland, maréchal des logis de gendarmerie, a essayé d'acclimater la vigne d'Europe à Boké. Il a réalisé deux récoltes par an, résultat qui a été obtenu d'ailleurs au poste de Sedhiou.

En 1882, M. le lieutenant d'infanterie de marine Golliart, commandant du cercle de Boké, essaya, avec le concours du médecin du poste, M. Besson, de faire du vin avec la vigne du pays. Les grappes qui furent employées pesaient de 300 à 600 grammes. Le vin obtenu, après une fermentation de huit jours, fut dans la proportion de 1/2, c'est-à-dire que 120 litres de grains de raisin donnèrent 60 litres de liquide.

Ce vin, logé dans un tonneau, déposa rapidement tous les corpuscules en suspension, et sa clarification fut achevée au moyen de l'albumine d'œuf.

La limpidité du vin obtenu fut parfaite et sa couleur foncée se rapprochait de celle de nos crus du midi de la France.

Mis en bouteilles le 3 décembre 1882, au mois de février de l'année suivante il était en bon état de conservation et d'amélioration, et sa tendance à mousser provenait d'une fermentation incomplète et un peu hâtive.

L'acide carbonique se détachait en assez grande quantité, ce qui fit éclater quelques bouteilles.

Lorsqu'on le versait, il pétillait et formait dans le verre une petite mousse qui tombait aussitôt.

Sa saveur fraîche était agréable et rappelait comme goût le bon cidre de Normandie.

Ce vin, produit avec une vigne absolument sauvage, contenait encore 3 ou 4 0/0 d'alcool.

La vigne muscat, qui aime la chaleur, pousse très bien dans les pays tropicaux et serait peut-être susceptible de donner des résultats satisfaisants.

En Casamance, l'outil par excellence employé pour l'agriculture est une sorte de houe. Avec cet instrument les indigènes font des trous peu profonds, mais disposés avec une certaine symétrie, et ils y placent un nombre de graines qui varie suivant l'espèce : cinq ou six pour le gros mil, ainsi que nous l'avons dit, deux pour le maïs, les arachides et les haricots, et une quinzaine pour le petit mil.

Lorsque les pluies ont arrosé la terre et fait sortir le germe, les cultivateurs binent à l'entour et ils répètent ce travail tous les jours jusqu'à ce que la plante soit parvenue à une hauteur convenable. En même temps ils se livrent à un sarclage minutieux et le renouvellent tant que les mauvaises herbes peuvent nuire au développement de la végétation.

LA FLORE DE LA CASAMANCE

QUELQUES RENSEIGNEMENTS SUR LES ARBRES ET LES PLANTES SUSCEPTIBLES D'ÊTRE UTILISÉS PAR LES INDUSTRIES DIVERSES.

La description complète de la flore de la Casamance nous entraînerait trop loin. Pour compléter les renseignements agricoles et industriels que nous avons déjà fournis d'une façon superficielle, nous nous contenterons de signaler les plantes et les arbres d'une utilité pratique pour la consommation, la médecine et l'exploitation forestière.

Au nombre des végétaux qui peuvent être utilisés le plus couramment en médecine, nous citerons :

Le *Nauclea inerens*, qui est un arbre de 10 à 15 mètres de hauteur ; son écorce et ses feuilles sont employées comme fébrifuge ; elles renferment, comme la plupart des parties de la plante, une matière tinctoriale jaune. Sa décoction passe pour un remède contre les douleurs de l'accouchement ; c'est probablement un abortif.

Le *Draeca antidysenterica*, arbre de 15 à 20 pieds. Cette plante, d'un goût amer, est tonique et employée comme telle pour combattre la dysenterie.

L'*Avicennia africana*, arbre toujours vert dont l'écorce est employée par les indigènes pour guérir de la gale.

Perianthopodus globulosus, plante grimpante possédant des propriétés purgatives qui la rendent utile dans les affections cutanées, les névroses.

Lophira Alata. Cet arbre laisse exsuder une sève résineuse balsamique.

Ximenia americana, dont le fruit est comestible et dont l'odeur de la fleur rappelle celle de la fleur d'oranger.

Ximenia elliptica. L'épicarpe du fruit de cet arbre est amer et astringent ; la pulpe est purgative, l'amande est douce et bonne à manger.

Vitis quadrangularis (riz de singe), plante herbacée dont les tiges pilées sont appliquées sur les brûlures ; les baies sont mangées par les singes.

Le *Similax species*, dont la décoction de la racine est employée contre l'uréthrite et les affections syphilitiques.

Sanseviera angolensis, dont les racines ont été recommandées pour combattre la gonorrhée, les douleurs rhumatismales et la toux.

L'*Uraria parviflora*, appelé poivre de Sedhiou. Les baies de cet arbuste sont employées comme épices: elles sont aromatiques et stomachiques.

L'*Erythrophlœum guineense* (Teli moniom), grand arbre dont l'écorce contient un poison du cœur d'une grande énergie.

Ercodendron anfractuosum, grand arbre de 50 pieds dont les graines sont

Cailcédra (acajou d'Afrique) très répandu en Casamance.

enveloppées dans une laine dense employée comme ouate; l'écorce est, dit-on, émétique.

Le tronc laisse exsuder une gomme qui est employée, mélangée à des épices, dans certaines maladies intestinales.

Crossopteryx febrifuga (Bellenda), arbre ou arbuste qui jouit d'une grande réputation comme fébrifuge.

L'écorce du *Blippo* renferme une grande quantité de tannin.

Le *Canthium azelianum*, arbuste qui est employé comme astringent dans le traitement de l'enflure des jambes et des genoux.

Le *Mussaenda azelii*, arbuste employé comme astringent, et riche en tannin.

Le *Kaya senegalensis*, arbre de 30 à 35 mètres sur 1 mètre de diamètre, renferme une matière gommo-résineuse; l'écorce est extrêmement amère et a des propriétés remarquables comme fébrifuge. Caventou en a retiré un corps neutre auquel il a donné le nom de *Caïlcedrine*.

Carapa guineense (Touloucouna). On extrait de ses graines une huile qui est achetée pour l'exportation. Cet arbre, qui est très répandu en Casamance, a une écorce très amère qui est employée comme fébrifuge. Cette écorce renferme un principe résinoïde et une grande quantité de tannin. L'huile est préconisée contre les rhumatismes, les dartres, les maladies du cuir chevelu.

Combretum glutinosum, plante dont l'infusion est expectorante. Les cendres de la plante sont employées pour fixer les couleurs de l'indigo; les feuilles et les racines donnent une belle teinture jaune.

Morinda citrifolia, petit arbuste dont le fruit, cuit sous la cendre, est employé dans le traitement de la dysenterie, contre l'asthme et comme vermifuge et emménagogue. La plante donne une teinture safranée.

L'*Elaeis guineensis*, grand palmier très commun en Casamance, donne des amandes de palme et de l'huile qui assurent annuellement une exportation de plusieurs centaines de tonnes.

On fait bouillir le fruit pour avoir l'huile contenue dans l'enveloppe dans la proportion de 65 à 70 0/0. L'amande, concassée, fournit également une matière grasse dans la proportion de 45 0/0.

L'huile de palme devient solide au-dessous de 20 0/0.

Les ressources en bois de menuiserie qu'offrent les forêts de la Casamance, sont soumises à un commencement d'exploitation. Les essences les meilleures pour la fabrication des madriers et des planches sont l'*acacia silicea*, le *ficus cephalantifolia*, les *sapendus surinamensis* et *excelsa*: les combretacées et autres espèces qui conviennent admirablement à la menuiserie, à l'ébénisterie et à la construction.

L'INDUSTRIE INDIGÈNE

Quoique primitive, l'industrie indigène mérite d'être mentionnée. Nous parlerons en premier lieu des tissus fabriqués en coton indigène par les femmes. Celles-ci, avant de tisser, placent le fruit du cotonnier, par petites quantités à la fois, sur une pierre unie ou sur un morceau de bois, et en font sortir les graines avec une baguette de bois ou de fer. Elles filent ensuite le coton à la quenouille. Le fil n'est pas fin, mais il est bien tordu et donne une étoffe qui dure longtemps.

Ce sont les hommes qui tissent. Leur métier est établi sur les mêmes principes que ceux dont on se servait autrefois en France. Mais ce métier est si étroit que l'étoffe qui en sort a rarement plus de 9 centimètres de largeur. La navette a la forme des navettes européennes; cependant le fil étant plus gros, sa chambre est nécessairement plus grande.

Les indigènes savent au besoin fabriquer du savon avec un mélange de cendres lavées et de pistaches de terre.

Les textiles connus des indigènes et qu'ils savent utiliser sont très nombreux; sans parler de lianes de toutes sortes d'où les Européens pourraient tirer une sorte très souple qui peut servir, soit à fabriquer des cordages, soit comme pâte à papier, il existe une plante aquatique dont la large feuille fournit des fils de 30 centimètres de long, très soyeux au toucher, qui valent 1 franc le kilo dans les transactions entre indigènes qui l'utilisent.

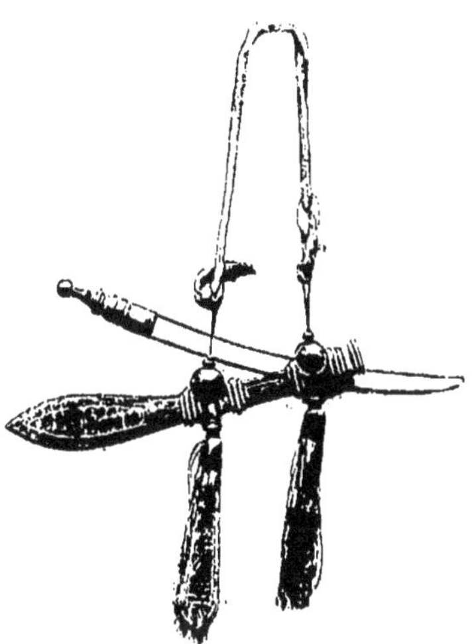

Sabre de fabrication mandingue.

Les textiles fournis par les lianes sont moins riches, mais plus abondants.

L'emploi des teintures diverses ne peut être passé sous silence. Nous avons déjà fait connaître le procédé employé pour tirer la couleur rouge du sorghum; nous parlerons encore du jaune et du bleu que les indigènes savent se procurer. Ils obtiennent la couleur jaune en prenant les jeunes branches d'un arbre à petites feuilles du genre mimosa nommé *Kodioli* en foulah. Les branches, coupées avec leurs feuilles, sont séchées à l'ombre, puis soumises à l'ébullition dans une petite quantité d'eau. Le jaune obtenu ainsi est sans éclat, tirant sur la rouille; cette préparation tinctoriale sert plus particulièrement aux cuves.

Pour teindre avec l'indigo, la plus commune des couleurs dont les indigènes font usage, on pile dans un mortier de bois des feuilles fraîchement enlevées à l'arbuste; on les façonne en boule et on les jette dans une grande jarre de terre au milieu d'une lessive de cendres d'un arbre de la famille des mimosées. Quelquefois on ajoute de l'urine à ces cendres; on laisse au moins deux jours le tissu plongé dans cette préparation.

On emploie souvent un procédé de dessin fort original pour les étoffes teintes en indigo.

Avant de les plonger dans la teinture, on place sur toute l'étendue de la pièce, et dans un ordre symétrique, des noyaux de tamarin ou des graines de cotonnier, et on les noue solidement dans la pièce; on enveloppe en outre, pour mieux les préserver de l'action de l'indigo, les parties recouvrant les graines avec des petits morceaux d'étoffe, en double ou triple pli, qu'on lie également avec force. D'autres fois on se borne à disposer dans l'étoffe des nœuds en forme de croix ou de losanges; ces nœuds sont défaits quand la pièce est teinte et il en résulte des parties ménagées en bleu très clair émaillant les tissus et leur donnant un air de fabrique qui ne manque ni de goût ni d'agrément.

Les abeilles sont très abondantes en Casamance et les indigènes récoltent beaucoup de cire et de miel, soit dans des ruches naturelles, soit dans celles qu'ils font avec des paniers, et placent dans le voisinage de leurs habitations ou de leurs terrains de culture.

Il y a deux manières de récolter le miel naturel : la première consiste à faire monter sur l'arbre un homme frotté de beurre des pieds à la tête; il enlève pièce à pièce les rayons de miel, repoussant de son mieux, avec sa main restée libre, l'approche des abeilles qui, malgré l'enduit dont il est recouvert, parviennent presque toujours à l'atteindre.

Le second moyen, beaucoup moins dangereux pour ceux qui s'en servent, comporte l'emploi de torches enflammées. L'homme chargé de la récolte monte sur l'arbre comme dans le premier cas, et présente successivement ses torches allumées à l'ouverture des cellules. La fumée chasse les abeilles ou les fait périr et le miel reste au pouvoir du noir.

LES ANIMAUX DOMESTIQUES

Les Peuhls ont avec eux le bœuf à bosse de l'Asie, le zébu. C'est une race de travail, propre à porter des fardeaux ou à traîner des voitures. En huit jours on habitue ces animaux à tirer un joug. Le zébu donne un rendement de 150 kilos, et vaut une centaine de francs.

Les Mandingues ont des bœufs d'une taille au-dessous de la moyenne. La viande est fine et d'excellente qualité, le bœuf peut tirer un joug; il donne 80 kilos de viande et coûte 30 à 40 francs.

Les autres bœufs que l'on rencontre en Casamance sont comparables à l'espèce mandingue.

Les Peuhls et les Mandingues ont encore des moutons dont le rendement varie de 10 à 20 kilos de viande nette; ils valent de 10 à 15 francs.

Les laines sont de qualité inférieure par suite de l'apathie des indigènes qui tolèrent le mélange, dans un même troupeau, de brebis presque irréprochables avec des béliers très défectueux, ce qui produit des moutons dont le corps est couvert de jarre et de laine mêlés à peu près en parties égales.

Les Peuhls élèvent des chèvres d'un beau type qui fournissent beaucoup de lait.

La Casamance n'est qu'à dix jours de Paris. Aussi, lorsqu'on considère que le seul marché de la Villette reçoit par an plus d'un million de moutons venus de Hongrie, de Russie et d'Algérie, on peut se demander si la colonie dont nous nous occupons ne pourra pas songer un jour à prendre sa part de cette importation.

L'Amérique importe également en Angleterre et en France de grandes quantités de bœufs. Ne pourrait-on songer à faire concurrence à l'importation américaine?

Les chevaux et les ânes ne sont pas en usage dans la basse Casamance, où le réseau fluvial suffit à faciliter les communications, et où l'enchevêtrement de la végétation ne permettrait guère la circulation des bêtes de somme dans les sentiers.

Aussi les Mandingues et les Peuhls de la Casamance font-ils à peu près seuls usage de chevaux: leur taille dépasse rarement 1 mètre 37. C'est un mauvais cheval de guerre; il n'est bon que pour faire des routes, mais cette race est susceptible d'être améliorée.

Les Peuhls élèvent des ânes qui font un bon service et portent des charges de 50 kilos.

En accouplant la jument du pays et l'âne dit de Guinée, qui est de grande taille, on serait assuré d'avoir un produit de choix.

Dans la basse Casamance, les porcs et les canards sont très abondants.

LA FAUNE

La Casamance est un riche pays de chasse pour les amateurs de tout gibier.

Les poules de rocher, les perdrix, les pintades, les outardes, les tourterelles se rencontrent partout. On trouve quelques panthères; les antilopes, les biches, les kobas sont nombreux dans les forêts.

Nous avons eu occasion d'entrevoir l'éléphant dans le Fogny.

Dans les rivières, outre les crocodiles, les caïmans, les hippopotames et les lamantins, il y a une grande abondance de poissons, et dans le voisinage de la mer des quantités d'huîtres fort estimées.

En Casamance, d'un coup de filet le pêcheur remplit sa pirogue de 40 ou 50 kilos de poisson d'excellente qualité.

LE RÈGNE MINÉRAL

Dans le règne minéral, on rencontre en Casamance l'or, qui existe dans les régions voisines du Fouta-Djallon, le fer qui apparait dans la région moyenne de la Casamance, près de Goudoum. Il serait de qualité excellente pour la fabrication des aciers. Des gisements de calcaire permettent la fabrication de chaux de première qualité. Comme pierre de construction, il y a le grès et le granit, et des terres qui sont de premier choix pour la fabrication des briques et des tuiles.

L'AGRICULTURE, LE COMMERCE ET L'INDUSTRIE EN CASAMANCE

La végétation est si belle en Casamance et les cultures indigènes si productives, que l'Européen devait être fatalement amené à faire des tentatives de colonisation dans cette région.

C'est ce que vient d'entreprendre avec un plein succès la Compagnie commerciale et agricole de la Casamance qui a fait, en 1890, des plantations de toute nature (café, cacao, cocotiers, ricin, kolas, ananas, etc.) et continue à donner un grand développement à ces cultures qui réussissent très bien. L'olivier, essayé à Zighinchor, s'est développé d'une façon surprenante, et il en est de même des eucalyptus. Des arbres fruitiers d'Europe ont été introduits également avec succès. Enfin on développe certaines cultures industrielles.

Le commerce a sensiblement augmenté en Casamance. Ce tableau officiel de l'exportation pour l'année 1891 fait ressortir son importance.

SÉNÉGAL ET DÉPENDANCES — BUREAU DE CARABANE

DOUANES

Produits exportés de la Casamance en 1891

DÉSIGNATION des PRODUITS EXPORTÉS	Espèce des unités	PRIX de la Mercuriale	TOTAL au 31 décembre 1891	PENDANT la période correspte de 1890	AUGMENTATION dans la période de 1891	DIMINUTION dans la pér. de 1891
Bœufs	T.	60	1	»	1	»
Moutons	T.	15 et 10	46	51	»	5
Perruches	Pce.	4	49	56	»	7
Oiseaux empaillés	Pce.	0,50	6.793	7.087 1/2	»	294 1/2
Animaux non dénommés	V.	»	115	161	»	46
Porc salé	K.	2	1.013	»	1.013	»
Peaux brutes de bœufs	K.	0,60	13.521	12.164	1.357	»
Cire nette	K.	1,50 et 3	1.567	2.262	»	695
Miel	K.	1	206	57	149	»
Beurre	K.	4	5	23	»	18
Dents d'éléphant	K.	7 et 10	513	223	90	»
Poissons secs	K.	4	20	78	»	58
Petit mil	K.	0,80 et 0,15	10.097	1.123	8.974	»
Riz net	K.	0,24 et 0,28	3.637	1.396	2.241	»
Riz en paille	K.	0,20	18.781	18.509	272	»
Légumes secs	K.	0,60	368	»	368	»
Noix de Touloucouna	K.	0,15	7.720	»	7.720	»
Arachides en coques	K.	0,15	2.904.695	2.035.403	869.292	»
Arachides décortiquées	K.	0,22 et 0,25	56.673	137.269	»	80.596
Amandes de palmes	K.	0,15 et 0,25	563.378	639.306	»	75.928
Caoutchouc	K.	2.50 et 3	139.169	93.778 500	45.390 500	»
Huile de palme	K.	1 et 1,50	44.695 900	43.639 300	1.056 600	»
Pain de singe	K.	0,20	2.261	1.700	561	»
Fruits non dénommés	V.	»	170	65	105	»
Bois à brûler	Stre.	18	18 1/2	11	7 1/2	»
Bois de constion, cubés compris	Stre.	75	119 1/2	65 273	54 227	»
Charbon de bois	K.	0,12 et 0,18	3.876	2.517	1.359	»
Calebasses vides	V.	»	1.144 25	1.964 50	»	820 25
Coton non égrené	K.	0,25	1.046	315	731	
Oignons du pays	K.	0,35 et 0,40	47	38 500	8 500	
Jus de citron	V.	»	1.559 15	626 50	932 65	» »
Sel du pays	V.	»	1.000 »	» »	1.000 »	» »
Tissus du pays	V.	»	13.290 »	760 »	12.530 »	» »
Nattes	V.	»	6.467 50	2.046 »	3.421 50	» »
Ouvrages en bois non dén.	V.	»	1.349 50	822 50	527 »	» »
Objets de collection	V.	»	552 »	575 50	» »	23 50

TOTAL DES DROITS PERÇUS EN 1891 .... FR. 75.751 83

Le caoutchouc de la Casamance est le plus beau de toute la côte occidentale d'Afrique. Le suc est de bonne qualité et les indigènes le travaillent relativement bien. Aussi ce produit est-il d'une vente très facile tant à Paris qu'à Marseille, au Havre, à Liverpool et à Hambourg ; il se vend beaucoup plus cher que celui du Niger et des Rivières du Sud.

La production, qui était presque nulle il y a une dizaine d'années, atteignait 130 tonnes en 1891 et 250 tonnes pendant les 9 premiers mois de 1892.

La Compagnie de la Casamance commence à entrer de diverses façons dans la voie industrielle qui contribuera d'une façon importante à mettre le pays en valeur.

QUELQUES NOTIONS D'HYGIÈNE

Après le tableau favorable que nous avons fait de la Casamance, il n'est pas sans intérêt de savoir que les Européens peuvent habiter ce pays sans arrière-pensée, car c'est à juste titre que la Casamance a une réputation de salubrité. Il est rare d'y voir des Européens malades et ils peuvent s'acclimater dans certaines régions de ce beau pays.

La largeur de la Casamance, qui est une sorte de bras de mer, assure un courant d'air permanent, ce qui rend particulièrement agréable le séjour sur les rives du fleuve où l'on bénéficie régulièrement chaque jour des brises fraîches du large.

Toutefois il faut se méfier en Casamance, comme dans toutes les régions intertropicales de l'Afrique, de l'excitation et de l'épanouissement de l'esprit qui cause une sorte de surexcitation de l'organisme, surtout chez les arrivants, et prédispose à abuser des forces physiques et morales ; en effet, si l'on n'a pas la sagesse de modérer son activité comme on modère son appétit et ses passions, on s'expose également à de graves attaques de fièvre. Il faut surtout, dans les premiers temps, se mettre en garde contre les rayons du soleil qui peuvent provoquer de violents maux de tête, enlever l'appétit et prédisposer à de petits accès fiévreux toujours suivis de débilité et d'anémie, car le microbe paludéen se développe essentiellement aux dépens du globule rouge du sang, et nous savons, grâce aux savantes recherches de M. le professeur Kelsh, que la diminution numérique des globules peut aller jusqu'à *un million* pendant le premier accès.

Les excès de luxure sont aussi la cause de la fièvre dans un grand nombre de cas, surtout chez les sujets qui se livrent à l'abus des spiritueux. C'est qu'en effet l'Européen s'habitue toujours très vite à la société des jeunes filles de ce pays. *Nigra sum, sed formosa*, et il ne faut pas oublier que ces femmes lascives et souvent belles peuplent encore de nos jours les harems de l'Orient.

A la vérité, nous ne craignons pas d'affirmer que le climat de la Casamance n'est pas insalubre; toutefois nous ferons nos réserves. Il nous paraît, en effet, nécessaire que l'Européen qui a l'intention de séjourner dans ce pays, soit dans l'âge mûr et dans un parfait état de santé, car ce sont toujours les jeunes gens, les individus atteints de maladies constitutionnelles qui se ressentent du climat.

Ne considérait-on pas l'Algérie comme une région insalubre quand nous en avons fait la conquête? et pourtant aujourd'hui qui parle des inconvénients de climat de cette colonie qui s'assimile de plus en plus à la métropole? La salubrité de l'Algérie est due actuellement au développement qu'a pris l'agriculture. En Casamance, les conditions nécessaires à l'habitation de l'Européen s'améliorent également en proportion directe du développement donné à l'agriculture. Celle-ci est déjà tellement en voie de progrès qu'on ne peut que bien augurer de l'avenir.

CONCLUSIONS

La Casamance, ce jardin de la Côte d'Afrique, deviendra une des colonies les plus prospères de la France si l'on persévère dans l'œuvre de colonisation tentée aujourd'hui et si la direction dans les efforts méthodiques et persévérants qui seuls peuvent conduire à bien cette œuvre de transformation et de mise en valeur, reste dans l'avenir, — comme elle l'est dans le présent, — entre les mains d'hommes dont l'honorabilité et la haute compétence seront une sûre garantie pour les capitaux qui apporteront leur concours nécessaire dans l'œuvre de mise en valeur d'une région où il y a tant de créations à faire et de progrès à accomplir.

L'œuvre qui est entreprise avec plein succès en Casamance sert déjà de modèle à des entreprises du même genre tentées sur d'autres points de la Côte d'Afrique, et nous souhaitons que l'opinion, moins rebelle aujourd'hui aux entreprises coloniales, s'affirme plus nettement encore en leur apportant le concours efficace dont elles ne peuvent se passer.

LA MELLACORÉE

PÉNÉTRATION AU SOUDAN

Quand le gouvernement français fit entreprendre, en 1882, les travaux de construction du chemin de fer du Haut-Fleuve, on admettait alors que le Niger ne devait pas être navigable au-dessus de Bamakou, et qu'il était par conséquent inutile de se préoccuper de rechercher des voies de communication dans la zone étroite qui s'étend entre la haute vallée du Niger et les estuaires des Rivières du Sud. D'ailleurs, on admettait l'existence probable d'une continuité de massifs, sur la ligne de séparation des eaux de la haute vallée du Niger et de la région dénommée Rivières du Sud. En outre, à cette époque, il n'était pas encore question des conventions qui ont été conclues depuis avec la Grande-Bretagne, et la zone d'influence morale de la colonie de Sierra-Leone s'étendait, sans conteste, jusqu'aux régions du Fouta-Djallon, avec lesquelles elle entretenait des relations commerciales très actives. Il résultait de cette dernière considération qu'on ne pouvait songer à ouvrir des débouchés au commerce français sur des territoires dont la possession pouvait nous être contestée.

Dans ces dernières années, grâce à la prévoyance de nos hommes d'État, les bases d'une convention de frontières avantageuse ont été arrêtées entre la France et la Grande-Bretagne; et, quoique la délimitation n'ait pas encore été rendue effective, nous savons nettement dans quelles limites nous pouvons actuellement nous mouvoir.

Cette situation nouvelle autorisait, en 1887, l'initiative que prit le colonel Galliéni de faire étudier les communications entre Siguiri sur le Niger, et la région de la Mellacorée.

Le capitaine Audéoud fut chargé de cette importante mission; il rapatria sa compagnie de tirailleurs, en franchissant la région montagneuse du Fouta-Djallon, et non sans rencontrer dans sa marche des difficultés considérables.

Le projet de création d'un chemin de fer dans le Haut-Fleuve triomphait donc de nouveau, malgré les sérieuses critiques dont il était l'objet dans l'examen de la question économique.

En 1890, M. Étienne résolut de reprendre plus sérieusement l'examen de l'important problème de la pénétration au Niger par la Mellacorée, en faisant

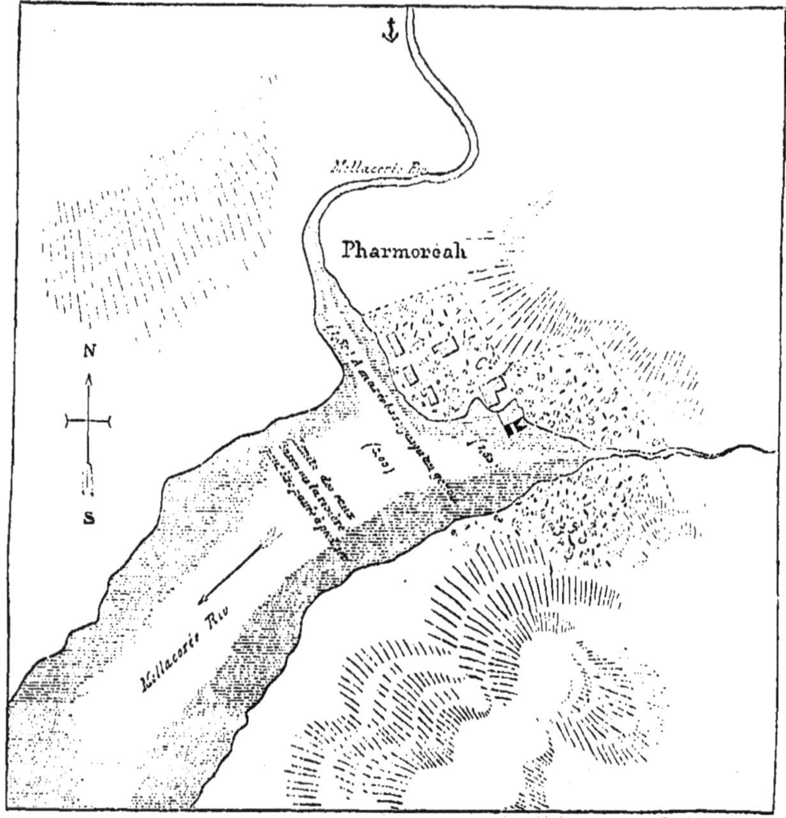

Embouchure de la Mellacorée.

étudier la possibilité de contourner par le sud la région du Fouta-Djallon, dans la zone des territoires réservés à l'influence française.

Malgré le vif désir qu'avait M. le sous-secrétaire d'État, et que nous partagions au même titre, d'obtenir une solution dans l'étude de cette importante question de communications, nous n'avions pas grand espoir d'obtenir un résultat positif.

Aussi, quand nous sommes rentré dernièrement, apportant un avant-projet dressé avec un soin minutieux, et concluant à la possibilité d'établir, entre la côte et le cours navigable du Niger, une voie ferrée d'une longueur de 340 kilomètres, dans des conditions d'exécution particulièrement avantageuses, nous avons causé une agréable surprise aux hommes qui se préoccupent, dans le monde colonial, de voir ouvrir pratiquement à l'influence française les immenses régions du Soudan.

Je me propose, dans cette étude, de traiter la question de l'établissement de la voie ferrée de la Mellacorée au Niger, de ses avantages économiques, et du mouvement considérable qu'elle provoquera; mais je serai obligé, auparavant, de dire quelques mots sur la question d'ensemble de la pénétration au Soudan, et d'entrer dans quelques considérations concernant le chemin de fer du Haut-Fleuve.

J'ai eu, dans le cours de ma vie coloniale mouvementée, le triple avantage d'étudier les trois lignes de pénétration préconisées pour atteindre le Niger.

En 1879-80, j'étais dans le Sahara avec le lieutenant-colonel Flatters; en 1880-81, dans le Soudan avec la mission Derrien et le lieutenant-colonel Desbordes, et enfin, en 1890-91, j'étais chargé d'étudier les voies de pénétration de la Mellacorée au Niger.

Dans l'intervalle, j'ai fait de nombreuses études, dans le Sahara, sur le cours du Sénégal et dans la région des Rivières du Sud; et je me suis attaché peu à peu à l'examen des questions économiques, car je me suis persuadé qu'on ne pouvait séparer de ces dernières l'étude des questions coloniales.

L'expérience que j'ai pu acquérir depuis douze ans, au prix des plus rudes fatigues et, malheureusement, au détriment de ma santé, a singulièrement bouleversé mes idées enthousiastes de jeune officier et, mettant de côté tout chauvinisme colonial, je me contente aujourd'hui, quand j'ai à parler de l'Afrique, de produire des faits et des chiffres.

C'est en procédant sous cette forme, que j'exprimerai toute mon opinion sur les questions que je traiterai dans le cours de cette étude, les considérant comme inséparables de celle qui concerne le chemin de fer de la Mellacorée; c'est en les discutant que je ferai ressortir l'opportunité de cette voie économique, et la possibilité pratique de procéder à son exécution.

Je parlerai en premier lieu du chemin de fer du Haut-Fleuve, car je suis obligé de mettre en relief l'impossibilité matérielle de l'utiliser efficacement pour l'exploitation régulière et méthodique que nécessite une région aussi immense, aussi peuplée et aussi productive que celle du bassin du Niger, dont la superficie est supérieure à celle de la France. Il me sera, par la suite, d'autant plus facile de faire ressortir les avantages tout spéciaux que présentera la voie ferrée de la Mellacorée.

Le chemin de fer du Haut-Fleuve.

Ainsi que le savent les lecteurs, le chemin de fer du Haut-Fleuve a son point l'origine à Kayes, sur le fleuve Sénégal. A vol d'oiseau, Kayes est à plus de 500 kilomètres de la côte, et le cours du fleuve, entre Kayes et Saint-Louis, a un développement du double.

Le chemin de fer est déjà construit sur une longueur de 120 kilomètres jusqu'à Bafoulabé; c'est le quart de la ligne totale projetée pour atteindre Bamakou sur le Niger. Depuis plusieurs années, le Parlement refusant les crédits demandés, les travaux de cette ligne sont suspendus. Elle ne présenterait pas de grandes difficultés d'établissement; toutefois, il y aurait des travaux d'art considérables à effectuer, si l'on songeait à construire des ponts sur les importants cours d'eau du Bafing et du Bakhoy.

Si ce chemin de fer du Haut-Fleuve était construit et qu'on voulût l'utiliser pour l'exploitation du bassin du Niger, on rencontrerait, dans l'exécution de ce vaste projet, des difficultés matérielles et économiques qui seraient ruineuses pour l'entreprise. Nous allons en donner la raison.

Le Sénégal n'est navigable pour les navires de haute mer d'un tonnage inférieur à 2,000 tonneaux, — les seuls susceptibles de franchir sans danger la barre du Sénégal, — que pendant les mois de juillet, août et septembre. L'entreprise commerciale du Niger aurait donc à se préoccuper d'envoyer en bloc toutes les marchandises pendant cette saison d'hivernage si défavorable aux opérations. Il faudrait affréter une véritable flotte[1] qui viendrait s'engouffrer dans l'étroit chenal du fleuve devant Kayes. Les traités d'affrétement, passés dans de pareilles conditions, subiraient une hausse sensible; ils seraient majorés, d'ailleurs, du fait des assureurs, qui n'ignorent pas les dangers que présente aux navires d'un certain tonnage la navigation dans un fleuve sinueux, étroit et au courant rapide.

A Kayes, la population indigène suffirait difficilement à fournir la main-d'œuvre demandée pour le déchargement des marchandises, le chargement des produits et la mise en magasin qu'il serait nécessaire de faire à la hâte, pendant cette saison des pluies.

Même en admettant qu'on utilise un outillage de quai perfectionné, il serait bien difficile aux navires d'accomplir leurs opérations dans les délais prévus par les traités, et de ce fait le fret serait encore majoré.

Les navires auraient à charger pour le retour les produits accumulés en

1. Nous faisons constater plus loin que l'importation — pour le bassin du Niger — ne sera pas inférieure à 50,000 tonnes et que l'exportation sera plus considérable encore.

Profil en long du chemin de fer projeté de la Mellacorée au Niger
d'après l'étude de détail

Echelle des longueurs 1/1 000 000

Echelle des altitude 1/200 000
(pente 10 fois plus forte que sur le terrain)

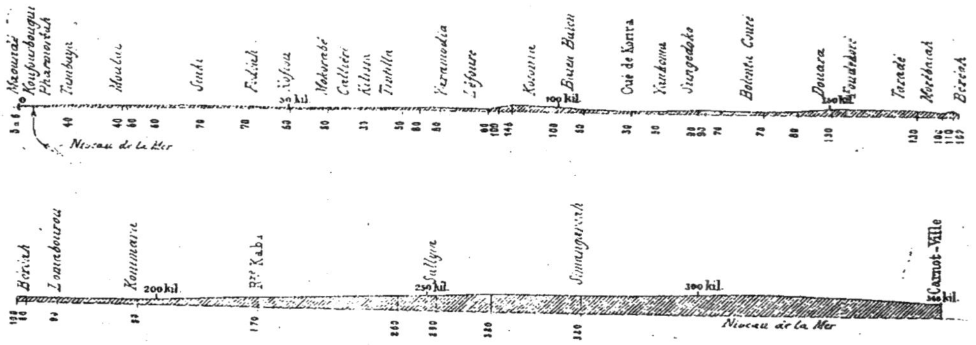

Mzourah
Koufourbougui
Pharmorfah
Timbuya
Moulac
Sinki
Fodiah
Kofion
Mokorabé
Callieri
Kilissa
Tintilla
Yaramodia
Léfoure
Kosonna
Bouen Bouen
Oué de Konra
Yankoma
Sungedoko
Bolenta Couré
Douara
Foudedoré
Tacadé
Moréhaiah
Béréah

30 kil.
100 kil.
150 kil.

Niveau de la Mer

Bériah
Lamabourou
Koumara
Rre Kaba
Sallyia
Simangarah
Carnot-Ville

200 kil.
250 kil.
300 kil.
340 kil.

Niveau de la Mer

magasin depuis des mois et dépréciés par les fermentations qui se produisent à la longue, surtout en temps d'hivernage.

Quoique fort éloignée de son véritable champ d'action, l'entreprise commerciale du Niger serait obligée de construire à Kayes des entrepôts considérables et d'entretenir un personnel nombreux.

Il lui faudrait en outre des capitaux importants pour acheter en bloc toutes les marchandises nécessaires à la traite d'une saison, car elle aurait à en solder la facture avant même que ces marchandises aient pu matériellement s'écouler vers le Niger.

Cette dernière considération obligerait l'entreprise commerciale à majorer d'une façon importante le prix de ses marchandises qui seraient déjà grevées, à leur arrivée à Bamakou, du fait des transports et des emmagasinements, d'une plus-value qui ne serait pas inférieure à 200 francs par tonne.

Le chemin de fer de la Mellacorée.

Examinons comparativement ce qui se produira, quand on pourra utiliser le chemin de fer dont nous avons rapporté un avant-projet.

Les navires de 3,000 tonneaux entrent en tout temps en Mellacorée : ils débarqueront aux appontements de Maoundé, à deux heures de navigation en rivière, leur chargement transporté d'Europe au tarif de mer ordinaire, c'est-à-dire au prix de 30 à 40 francs.

Les navires pouvant entrer tous les jours de l'année et se mettre à quai, les déchargements se feront avec calme, économiquement, et une partie des marchandises et des produits passeront directement des bateaux sur les wagons et *vice versa*.

Grâce à l'organisation des appontements qui permettra de décharger trois cales en même temps, en quatre jours un navire débarquera 2,400 tonnes et pourra repartir huit à dix jours après son arrivée avec son plein chargement.

Si la tonne doit coûter 48 francs pour voyager sur le chemin de fer du Haut-Fleuve, à tarif égal, elle n'en coûtera que 34 sur le chemin de fer de la Mellacorée.

En résumé, les marchandises iront par cette voie d'Europe au Niger, en quinze jours, au prix de 70 à 80 francs, et, quatre ou cinq mois après leur achat, les produits obtenus débarqueront sur les quais européens.

Cette dernière considération, qui a trait à l'escompte commercial, rendrait toute lutte impossible pour le chemin de fer du Haut-Fleuve, en admettant même que, grâce à des prodiges d'organisation, on pût parvenir, cette ligne étant créée et fonctionnant, à transporter les marchandises à Bamakou, avec des tarifs aussi avantageux que ceux dont on bénéficiera dans le transit par la Mellacorée.

J'ai lieu de supposer que les lecteurs sont suffisamment convaincus des avantages tout spéciaux que présentera le chemin de fer de la Mellacorée, et je n'insisterai pas.

Toutefois, j'appellerai une dernière fois l'attention sur une considération humanitaire qui mérite d'être prise au sérieux. Les Européens qui seront sur le Niger, au terminus du chemin de fer de la Mellacorée, pourront se rendre en deux jours, trois au plus, à Konakry ou Sierra-Leone. Ceux qui seront malades ou fatigués pourront donc se déplacer facilement et aller chercher la santé à la côte. Dans le Haut-Fleuve, on est emprisonné pendant toute la saison sèche, car on ne peut descendre le Sénégal avant le retour des pluies. Il reste, il est vrai, la ressource de tenter une descente longue et pénible sur un petit chaland. Pendant la saison la plus favorable pour la navigation, il faut encore cinq ou six jours pour se rendre de Kayes à Saint-Louis en utilisant les bateaux à vapeur.

Nécessité de recourir aux grandes compagnies de colonisation.

Le peu de succès obtenu lorsqu'on a voulu établir le chemin de fer du Haut-Fleuve a surabondamment mis en lumière les difficultés que rencontre une administration officielle dans l'accomplissement des grands travaux entrepris sur des territoires éloignés et isolés.

Aussi est-ce un fait acquis, dans l'opinion publique, ou tout au moins dans celle des hommes éclairés, que pour mettre en valeur et exploiter l'immense empire colonial français, constitué par l'ensemble des régions du Sénégal, des Rivières du Sud et du Soudan, on devra recourir à l'initiative privée, représentée par de puissantes associations, confiées à des hommes compétents.

On a également admis qu'il fallait songer à pénétrer vers l'intérieur par sept zones d'accès qui se présentent naturellement et qui deviendront chacune, par la force des choses, le champ d'action d'une puissante compagnie. Ce partage colonial créera une sorte de concurrence et encouragera les efforts; il assurera la transformation rapide des vastes régions soudaniennes et facilitera pour l'avenir l'œuvre de l'administration, quand le moment sera venu pour elle de centraliser et de parachever l'œuvre d'organisation de la première heure.

En commençant par le nord-ouest, la première artère de pénétration, naturellement indiquée, est celle du Sénégal, qui assure déjà le drainage d'une partie de son bassin supérieur.

La deuxième artère est celle de Casamance qu'il faudra prolonger vers les provinces du nord-ouest du Fouta-Djallon au moyen d'une voie ferrée économique.

La troisième est constituée par l'ensemble des Rivières du Sud, dont les escales entretiennent des transactions commerciales régulières avec les provinces de l'ouest du Fouta-Djallon.

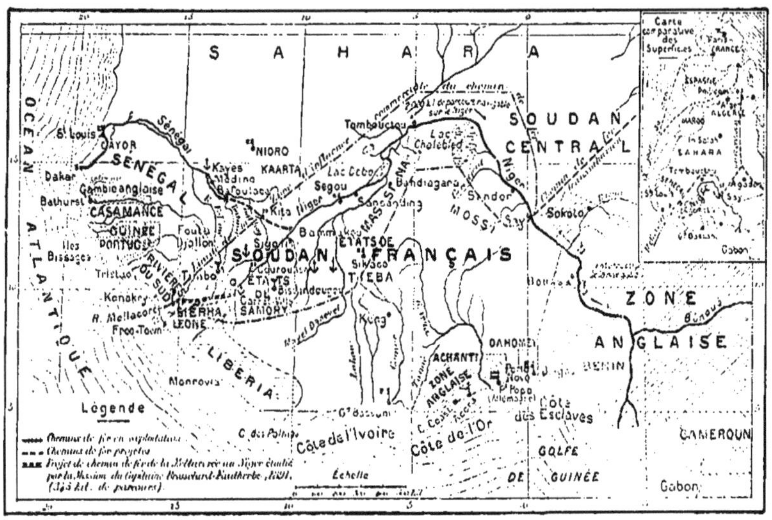

Le chemin de fer économique de la Mellacorée au Niger.

Carte d'ensemble des routes fluviales soudaniennes reliées à la côte par le chemin de fer de la Mellacorée.

La quatrième est celle de la Mellacorée, qui, prolongée par un chemin de fer de 340 kilomètres, ouvrira un débouché sur un réseau navigable de plus de 4,000 kilomètres de développement.

La cinquième sera, à Grand-Bassam, la rivière Comoé, dont le cours navigable devra être prolongé par une voie ferrée dans la direction de Say sur le Niger. Dans la sixième région, celle de Porto-Novo, on envisagera peut-être dans l'avenir l'utilité d'ouvrir vers le nord une petite voie ferrée.

Enfin, nous parlerons en dernier lieu de la région comprise entre le Niger et le lac Tchad, dont l'artère commerciale, le Transsaharien, est à créer de toutes pièces.

Dans chacune de ces régions, il est facile de savoir à l'avance dans quelles limites pourra s'exercer l'influence commerciale des compagnies qui auront fait le nécessaire pour s'ouvrir l'accès du continent ; il suffit de consulter la carte et de tenir compte de certaines données que nous allons faire connaître.

En premier lieu, il est reconnu qu'on ne peut faire d'opérations commerciales dans l'intérieur de l'Afrique, qu'à la condition d'être relié à la côte par une voie de communication régulière et économique.

En second lieu, une compagnie commerciale ne peut créer ses établissements que sur les voies navigables ayant un débouché sur la côte ou sur un chemin de fer qui s'y rattache. Dans ces conditions, les factoreries qui sont créées peuvent compter sur un drainage commercial qui se calculera de la façon suivante :

Les indigènes établis dans un périmètre distant de 30 à 40 kilomètres des escales, viennent négocier tous les produits susceptibles d'être acceptés ; les indigènes répartis au delà de cette zone n'apportent plus que les produits riches, mais ils franchiront à l'occasion 150 et même 200 kilomètres, pourvu toutefois que la situation politique du pays ne rende pas les routes dangereuses.

C'est en tenant compte de ces données que j'ai tracé sur la carte ci-contre la démarcation de la zone d'influence commerciale qui sera réservée aux établissements du réseau navigable du Niger.

Aujourd'hui que l'on étudie si sérieusement les moyens à mettre en œuvre pour faire des régions africaines un riche empire colonial, on est amené à envisager toutes les difficultés et toutes les dépenses que nécessiterait l'application des programmes qui se sont fait jour, et des idées qui sont communément préconisées; et, comme on s'est peu à peu persuadé, ainsi que nous l'avons fait remarquer précédemment, qu'il était bien difficile à un gouvernement d'entreprendre l'œuvre de transformation de l'Afrique, si riche et si persévérant qu'il pût être, — après examen des systèmes qui ont si puissamment contribué à notre grandeur coloniale des siècles derniers, on est tombé d'accord pour souhaiter, à l'exemple des autres nations coloniales africaines, un retour à la constitution de grandes compagnies de colonisation. On admet volontiers aujourd'hui qu'elles seront susceptibles de faire œuvre de progrès, au même titre qu'un gouvernement ; la garantie en est qu'elles ne sauraient obtenir de résultats satisfaisants et positifs, si elles ne savaient s'imposer un rôle essentiellement humanitaire et civilisateur ; et on leur reconnaît sur les gouvernements le grand avantage de n'être pas obligées de mettre leurs capitaux à fonds perdus, car leur principal but est surtout de faire œuvre commerciale.

Nous avons pu constater que les compagnies puissantes qui existent actuellement, admettent que c'est agir dans une juste appréciation des intérêts qui leur sont confiés, que de rechercher, pour constituer leur personnel en Afrique, des agents de haute valeur et de haute moralité.

Pour conserver et encourager cet excellent personnel, les compagnies savent faire des sacrifices que peu de gouvernements, et en particulier le nôtre, s'imposent en faveur de leurs agents officiels résidant dans ces mêmes régions. Les agents commerciaux qui séjournent toute leur existence dans une zone africaine, finissent par posséder, en dehors de leur compétence professionnelle, une expérience des hommes, des choses et de la politique du pays, que ne peuvent acquérir en temps utile les fonctionnaires du gouvernement, lorsqu'ils ne font dans ces régions, ce qui est le cas le plus ordinaire, qu'un tour colonial.

L'honnêteté qui est pratiquée dans les transactions commerciales entre indigènes et agents des grandes compagnies, assure rapidement l'ascendant moral de ces derniers sur les indigènes; et la confiance de ceux-ci est parfois si grande, qu'elle se traduit par des faits surprenants, comme celui que nous avons pu constater, d'indigènes, dans des régions éloignées de l'intérieur, préférant à notre argent des bons de même valeur sur certains comptoirs de la côte.

Mises en œuvre par ce personnel d'élite, les grandes compagnies sont les instruments les plus puissants pour appliquer les méthodes de transformation méthodique et discrète, seules susceptibles d'être tentées sur la nature naïve des Africains. Ces grandes compagnies sont les seules capables, grâce au concours de puissants capitaux, de créer l'outillage compliqué, indispensable, qui assure l'exploitation et la mise en valeur progressive des régions encore vierges où s'exerce leur action. Il ne faut pas perdre de vue, en effet, qu'on ne peut obtenir de résultats sérieux et rémunérateurs, dans toute œuvre d'exploitation et de transformation africaine, que grâce à des efforts sérieux et à une puissante organisation financière. Je me propose, pour faire ressortir cette nécessité, d'esquisser les grandes lignes de l'organisation que devrait pratiquer la compagnie qui entreprendrait la construction du chemin de fer du Niger, et aurait pour objectif l'exploitation et la mise en valeur du bassin du grand fleuve.

On verra combien une pareille œuvre exigerait d'efforts, de travaux, d'intelligence et d'argent; mais aussi combien pourraient être grands pour tous les résultats qu'on obtiendrait; car la mère patrie bénéficierait, dans le présent, d'un débouché considérable pour l'écoulement des produits de son industrie, et pourrait escompter, pour l'avenir, la possession d'une immense et riche région qui se sera transformée en colonie.

En présence des succès obtenus par la Compagnie royale anglaise du bas Niger, par la Compagnie française de la côte occidentale d'Afrique, dont l'organisation peut servir de modèle, et de quelques autres encore, voisines des territoires dont nous nous occupons, ce n'est plus faire acte d'utopiste que de préconiser un plan plus vaste encore que ceux mis en œuvre par ces grandes compagnies.

Avant-projet de création du chemin de fer de la Mellacorée au Niger, et mise en exploitation du bassin du Niger.

Les Français ayant enfin la faculté de s'ouvrir une route économique vers le Niger, nous pouvons admettre qu'une compagnie puissamment organisée aura obtenu le privilège de construire le chemin de fer projeté et de s'établir sur le Niger.

Nous allons examiner les diverses opérations qu'elle devra accomplir dans l'exécution de ce vaste projet.

Sa base d'opération étant à Maoundé, elle devra, avant toutes choses, faciliter l'entrée des navires en Mellacorée, en complétant le balisage qui existe actuellement, grâce à l'initiative prise par la Compagnie française.

A Maoundé, il faudra créer au plus vite les appontements et un quai d'accostage d'une longueur de 200 mètres, ce qui permettra à deux vapeurs à la fois d'être bord à quai.

Sur la côte d'Afrique, ces travaux s'exécutent économiquement avec le ronier, cet arbre précieux, dont le fût de forme cylindrique et régulière atteint jusqu'à 20 mètres de hauteur. On dispose ainsi de véritables colonnes végétales qui ont l'avantage de ne pas pourrir dans l'eau, et de ne pas être attaquées par les termites et autres insectes, quand on les utilise sur terre.

Le long des quais de Maoundé, les navires auront 5 mètres d'eau à marée basse.

Aussitôt que les appontements seront suffisamment avancés pour permettre aux navires d'accoster, les établissements de Maoundé pourront être commencés en même temps que le chemin de fer.

Nous pensons qu'il faudra se contenter de construire une ligne très économique du système Decauville.

On ne doit envisager, en effet, que la question du transit et considérer comme secondaire la question du transport des voyageurs. Il sera toujours facile d'organiser le confortable nécessaire aux Européens peu nombreux qui prendront passage sur la voie ferrée; et les moyens de transport les plus élémentaires suffiront aux indigènes.

La saison pendant laquelle les travaux pourront être exécutés, commencera en décembre, et finira en juin. On disposera donc de six mois par an pour établir la voie ferrée, et il n'est pas exagéré de supposer que, dès la première année, il sera possible de franchir les soixante premiers kilomètres. Le terrain se prêtera d'ailleurs admirablement à l'exécution rapide des travaux de cette première portion; sur son parcours, en effet, on sera partout sur un sol résistant, très uni, sans accidents de terrain, rarement boisé, la région qui est très habitée ayant été en partie défrichée.

Pour organiser les équipes de travailleurs, on recrutera à volonté des indigènes dans la Samoh, le Moréah et le Bennah. Les serviteurs sont inutiles aux maîtres pendant la saison sèche, car les lougans[1] sont mis en état, et

Habitations des indigènes du Bennah.

ensemencés au commencement des pluies, et la récolte a lieu aussitôt après. Aussi, à partir de cette époque, les maîtres sont-ils disposés à mettre leurs serviteurs en location.

Sierra-Leone fournira le contingent d'ouvriers d'art indigènes, et il sera facile de constituer de bonnes équipes avec l'appoint de quelques ouvriers spéciaux européens et la direction de contremaîtres patients; la main-d'œuvre indigène coûtera très bon marché.

La première portion du parcours de la voie ferrée passera dans le voisinage de la route commerciale vers le Niger et le Fouta-Djallon; aussi, au grand village de Kollou, où les deux routes bifurquent, il y aura lieu de créer une première station commerciale.

1. Champs de culture.

La seconde année, on atteindra le gué de Korira qui assure le franchissement de la Kolenta (Grande Scarcie) à hauteur du 115e kilomètre.

Ce gué, qui semble fait tout exprès pour faciliter l'établissement d'un pont dans des conditions particulièrement économiques, est constitué par une série de roches horizontales qui assurent un passage large de 20 à 30 mètres. Pendant la saison sèche, les roches émergent à 50 centimètres au-dessus des eaux, qui s'écoulent par des fentes transversales. Sur ce pont naturel, on traverse à pied sec la Kolenta, rivière de 80 à 100 mètres de large, et de 3 à 4 mètres de profondeur; et rien ne sera plus facile que d'élever une série de piliers de 2 mètres de haut, sur lesquels on fera reposer un tablier en roniers. Une forêt de ces arbres s'étend en amont le long de la rive droite de la rivière, et, à partir de Korira, la direction du chemin de fer pourra exploiter ces arbres pour fournir les traverses et les madriers utilisables dans la construction des ponceaux.

Korira, qui, pour les indigènes, est à 6 ou 8 jours de Timbo, deviendra une escale commerciale; dans le voisinage passe d'ailleurs la route fréquentée par les caravanes qui assurent le trafic entre Sierra-Leone et le Fouta-Djallon.

En aval et en amont du gué, la Kolenta est navigable sur des biefs qui ont chacun un parcours de 30 à 40 kilomètres; la navigation y est facile, la rivière étant profonde et n'ayant qu'un faible courant. Par le bief supérieur, on atteint le passage de la route qui descend du Fouta-Djallon sur Kofiou.

Pendant ces deux premières années, la direction agricole de la compagnie aura une importante mission à remplir. Elle devra, en effet, créer à proximité de la voie ferrée, et plus particulièrement dans le voisinage des escales commerciales et des stations, de belles plantations de caféiers, de cacaoyers et de colatiers. Les résultats concluants obtenus à Sierra-Leone par la Compagnie française constituent un sérieux encouragement.

J'ai visité dernièrement ces plantations; les caféiers, espèces dites de Libéria et du Rio-Nunez, plantés il y a cinq années, sont espacés de deux mètres dans les plantations; ces arbustes sont en plein rapport, et leur feuillage est si touffu qu'on ne peut plus passer entre les caféiers. Les cacaoyers, plantés à la même époque, sont également en plein rapport.

Une de ces plantations contient dix mille caféiers. Le café récolté est très apprécié, car il est réellement d'une excellente qualité.

Dans les régions dont nous nous occupons, le caféier existe d'ailleurs partout à l'état sauvage, ce qui garantit la réussite des plantations qui seront entreprises.

Quant au colatier, c'est en Mellacorée qu'on en rencontre les plus beaux échantillons; certains de ces arbres, qui atteignent des dimensions inconnues partout ailleurs, donnent, dans l'ensemble de leurs deux récoltes annuelles, jusqu'à 150 et peut-être 200 kilos de fruits, soit une valeur représentative de près de 1,000 francs; car actuellement le cours du cola varie entre 4,500 et 5,000 francs la tonne.

Le colatier ne se rencontre que dans une zone très restreinte de la côte d'Afrique, entre les 8e et 11e degrés de latitude Nord. Il ne pousse plus à une petite distance de la mer, et c'est précisément au milieu de cette région colatière, c'est-à-dire entre le 9e et 10e degré, que se trouve la Mellacorée; c'est peut-être ce qui explique que cette culture, qui ne se rencontre plus que dans quelques régions du Soudan, y atteint son plein épanouissement.

Grand chemin de communication et piège à panthère.

Nous croyons pouvoir estimer que la région des Rivières du Sud en livre annuellement une récolte supérieure à 2 millions; nous donnons ce chiffre sous bénéfice d'inventaire, car les colas s'écoulant en grandes quantités vers l'intérieur, il est impossible d'apprécier la valeur de cette partie de l'exportation.

Dans la région voisine du chemin de fer, jusqu'au 100e kilomètre, on peut estimer qu'il y a de 8 à 10,000 colatiers de divers âges, répartis dans l'ensemble des villages; nous n'exagérons pas, en admettant qu'ils fournissent annuellement une récolte dont la valeur moyenne est de 500,000 francs.

Le cola est pour les indigènes un aliment de luxe très recherché; en Europe, on commence à utiliser ce fruit, depuis que les chimistes sont parvenus à isoler le principe excitant et à réserver l'élément essentiellement tonique qu'il renferme.

La direction agricole aura intérêt à faire de grandes plantations de colatiers; l'écoulement de la récolte sera toujours facile, quelque importante que puisse être la production; on devra d'ailleurs se préoccuper de provoquer la baisse sur le prix du cola, pour vulgariser son emploi en Europe.

Dans le courant de la troisième année d'exploitation, le chemin de fer pourra être poussé jusqu'à Béréah, résidence de l'almany du Dougouta. On atteindra ainsi le 175e kilomètre, en restant toujours dans des conditions d'exécution facile.

Dans ce *troisième* parcours, le chemin de fer franchira l'immense plaine qui s'étend entre la grande et la petite Scarcie (Kolenta et Kaba).

Cette vaste étendue de pays, facile à parcourir en tous sens, grâce aux sentiers nombreux qui s'y croisent, est traversée par tous les chemins qui relient les régions montagneuses du nord-est aux régions du sud-ouest ; c'est une *région de transit, et le chemin de fer en détournera le courant à son profit.* Ces plaines, susceptibles de produire beaucoup, sont relativement peu habitées, car les populations redoutent de rester sur un territoire qui est trop facilement accessible aux aventuriers avides de pillage.

Le passage du chemin de fer provoquera d'importants groupements de *populations qui alimenteront son transit du fruit de leur travail.*

Sur les hauteurs voisines, on aura le loisir de pouvoir établir à des altitudes de 7 à 800 mètres d'excellents sanatoriums.

Nous admettrons que la quatrième année, grâce à l'expérience acquise et à l'entraînement des équipes, il sera possible de pousser jusqu'à Sallyia, au *260e kilomètre.*

C'est en cet endroit que bifurque la route commerciale de la Mellacorée vers les régions du Niger ; aussi, à partir de Sallyia, la ligne du chemin de fer monopolisera-t-elle le trafic avec le haut Niger.

Dans les conditions actuelles de transport, une tonne de marchandise coûte 3 ou 400 francs de transport pour atteindre *Korira et 1,000 à 1,200 pour* atteindre Sallyia[1]; aussi estimons-nous qu'il sera possible de faire vivre le chemin de fer avant qu'il n'ait atteint le Niger, et qu'on soit parvenu à établir des tarifs normaux ; car, jusqu'à l'achèvement complet, on pourra établir des tarifs spéciaux très majorés, sans porter préjudice aux transactions commerciales.

Dans cette quatrième partie de son parcours, la voie ferrée longera les contreforts de Kakoun-ya, et sur ces hauteurs voisines de la voie ferrée les Européens trouveront à leur gré un climat assez favorable pour tenter l'acclimatement.

1. C'est sur la route de Sallyia que le chef sofa de Samory se montra si hostile à la mission du haut Niger.

Sissèké, chef sofa de Samory.

Délédougou, almamy du Kakoun-ya.

Elle franchira la petite Scarcie, qui n'est qu'un torrent de 150 à 200 mètres de large, sans profondeur, roulant sur fond de roches, et divisé en plusieurs bras par des îles ; elle traversera de grandes régions sauvages et boisées, et passera à proximité de la frontière du Fouta-Djallon sur des territoires éloignés de cinq journées de marche de Timbo.

Guerrier du Kakoun-ya.

On pourra donc compter sur un nouveau et important courant commercial avec les provinces du sud-est de cette grande confédération, habitée par un million de gens semi-civilisés, très commerçants, et volontiers courtiers. Le Fouta-Djallon peut être comparé à un immense entrepôt de marchandises et de produits; car les Foulahs se sont improvisés entrepositaires et transitaires du trafic qui existe actuellement entre les escales de la côte et les régions de l'est. Dans les conversations que nous avons eues avec ces gens intelligents et pratiques, il nous a été facile de leur faire comprendre les services que pourrait rendre à leur industrie le voisinage de la voie ferrée, et ils escomptent à l'heure présente le bénéfice qui résultera pour eux du fait de n'avoir plus à franchir les grands espaces qui les séparent de la côte, et de courir le risque du mauvais accueil qu'ils reçoivent de temps à autre sur certaines routes de caravanes.

J'espère, comme le lecteur, que les Français qui auront entrepris la création du chemin de fer, sauront faire l'effort nécessaire pour pousser la voie vers l'immense plaine de la vallée du Niger, et atteindre, dès la cinquième année, le cours navigable de ce fleuve à 80 kilomètres de Sallyia.

Le terminus de la voie ferrée deviendra rapidement un centre considérable; au point de vue commercial, il reprendra au sud du Niger le rôle qu'au siècle dernier exerçait Tombouctou au nord de ce fleuve.

D'immenses établissements et entrepôts s'y élèveront, des chantiers de construction fluviale y seront mis en œuvre, et les relations journalières avec la côte, où l'on se rendra en seize ou dix-sept heures, créeront un va-et-vient journalier d'Européens.

Type de Foulah ou Pouhl.

Cette rive si lointaine, perdue au milieu de régions encore mystérieuses, ne sera plus qu'à quelques journées de la vieille Europe, qui lui aura envoyé, avec la locomotive, le souffle de la révolution sociale. Tout contribuera à faire de ce point un centre d'action et un centre de lumière; la locomotive aura fait surgir de terre la capitale de notre empire du Soudan occidental.

Inspirés par ces pensées, mes compagnons et moi avons cherché un nom de bon augure, à la rivale de Tombouctou; et d'un mouvement spontané, après avoir jeté un regard vers la patrie absente, nous l'avons baptisée du nom de Carnot-Ville.

Création d'établissements commerciaux et d'un service fluvial sur le Niger.

Quand le chemin de fer aura atteint Carnot-Ville, la direction du service de navigation sur le Niger devra se préoccuper de faire arriver pièce par pièce ses remorqueurs et ses chalands.

Dès que l'outillage naval sera mis à flot, la direction commerciale, à son

Marchands se rendant au Fouta-Djallon.

tour, pourra entreprendre la construction de ses établissements aux diverses escales du Niger.

Dans l'organisation de cette prise de possession, il y aura lieu d'envisager deux zones au point de vue commercial.

Chemin dans la montagne du Tamisso.

La première s'étendra depuis Carnot-Ville jusqu'à 7 ou 800 kilomètres en aval du fleuve. Sur ce parcours, les établissements commerciaux seront nombreux, car la densité de la population (15 à 20 habitants par kilomètre carré) y est très forte. Les factoreries seront construites dans le voisinage du confluent des affluents, qui seront des routes secondaires de drainage.

Un service régulier de remorqueurs, échelonnés dans les biefs entre les mauvais passages, assurera le va-et-vient des chalands, qui alimenteront les factoreries du fleuve et ramasseront les produits.

Dans cette première zone commerciale, le transport fluvial, peu onéreux, permettra de trafiquer de tous les produits.

Dans la deuxième zone, qui s'étendra sur le reste du parcours du fleuve jusqu'à Say, et qui pourra recevoir son organisation pendant la septième année, il suffira de créer quelques établissements qui n'achèteront que les produits riches.

Il faut considérer, en effet, que les chalands ne feront jamais, tant dans un sens que dans l'autre, avec le concours des remorqueurs, plus de 100 kilomètres *par jour*. Pour atteindre les derniers établissements du fleuve, les marchandises navigueront pendant 50 jours, au minimum, sur le Niger, et pour faire remonter les produits à Carnot-Ville il faudra peut-être plus de temps encore. Dans ces conditions, les produits riches et peu encombrants pourront seuls supporter les frais sensibles qui résulteront de ce long parcours en rivière.

Considérations générales sur le trafic avec le Niger.

Les marchandises européennes et les produits indigènes du trafic soudanien peuvent être classés en deux catégories.

D'une part, marchandises encombrantes et marchandises riches ; de l'autre, également, produits encombrants et produits riches.

La région où s'exercera l'influence commerciale du Niger représente une superficie d'environ 800,000 kilomètres carrés.

On a admis jusqu'à ce jour d'une façon générale que la population de ces régions oscillait entre 15 et 20 habitants par kilomètre carré.

On serait donc en droit d'admettre que la population de cette immense région atteint peut-être le chiffre de *quinze millions d'habitants*.

Pour rester au-dessous de la véritable approximation, et tenir compte de ce fait que, dans certaines régions voisines du Sahara, la population est en partie nomade et très clairsemée, nous réduirons ce chiffre de moitié, soit 8 millions. Toutefois, puisque nous parlons des régions sahariennes, faisons remarquer que les transactions commerciales s'y étendront fort loin.

Quoi qu'il en soit, en admettant le chiffre de 8 millions d'habitants, et voulant établir de justes calculs de probabilité de consommation et de production, nous établirons nos points de comparaison en prenant pour base les observations faites journellement, et d'une façon précise, dans certaines régions méthodiquement exploitées de la côte d'Afrique.

Au nombre des marchandises encombrantes qui auront un marché considérable dans la vallée du Niger, le sel est à citer en premier. Dans les régions où cette denrée pénètre *économiquement* et ne se vend pas au poids de l'or, ainsi que cela se pratique actuellement dans l'intérieur du Soudan, la consommation annuelle dépasse 5 kilogrammes par habitant. Il n'y a pas lieu de s'étonner de cette consommation relativement importante, car les indigènes donnent beaucoup de sel à leurs bestiaux.

En calculant sur les données que nous avons énoncées, on voit qu'il entrera plus de 40,000 tonnes de sel par an dans le bassin du Niger.

Nous sommes personnellement convaincu que la consommation dépassera ce chiffre pourtant considérable.

Les tissus, la poudre, le tabac, les armes, les marmites en fonte, les objets de parure et de luxe s'écouleront dans le bassin du Niger par stocks énormes, et nous restons au-dessous de toute réalité, en estimant à 20,000 tonnes l'ensemble des marchandises *riches* que le Soudan absorbera.

Nous arrivons de la sorte à calculer sur une importation de 60,000 tonnes.

Les wagons qui transporteront ces quantités énormes ne reviendront pas vides; ils auront en effet à charger des produits encombrants, et nous citerons parmi ceux-là l'arachide.

Les régions qui produisent au Sénégal les 40 ou 60,000 tonnes annuelles de l'exportation de cette graine, ne représentent pas dans leur ensemble une superficie de plus de 20,000 kilomètres carrés, et n'ont pas une population supérieure à 5 ou 600,000 habitants.

L'arachide du Niger, dont nous avons pu apprécier la bonne qualité dans le pays de production, est cultivé dans tout le bassin de ce fleuve pour les besoins de la consommation locale. La production prendra l'extension dont elle est susceptible, quand le produit pourra être acheté aux escales; celles-ci desserviront dans la première zone commerciale, — pour les produits encombrants, — une superficie de 200,000 kilomètres carrés, habitée par une population très dense qui n'est pas inférieure à 3 millions d'habitants. Il est probable en outre que l'agriculture progressera plus rapidement qu'au Sénégal, car la population *captive* est plus nombreuse, et les travailleurs ne manquent pas.

En se basant sur les chiffres comparatifs des populations, on peut prévoir sur les données que nous avons fournies, que la production en arachides sera quatre ou six fois plus grande dans les hautes vallées du Niger que dans les régions sénégalaises; en tout cas il n'est pas téméraire de compter sur une production égale à celle qui enrichit le Sénégal.

Nous ne parlerons ni du mil, ni du sorgho, ni du maïs, ni du riz et autres denrées à classer parmi les produits encombrants, et qui pourront être trafiqués avantageusement dans la région du Niger. Nous nous occuperons seulement des produits riches, qui sont, en premier, l'or qu'on achète un peu partout, puis l'ivoire, dont la traite sera importante dans les régions du bas

Niger, le caoutchouc, qui sera un produit abondant, la gomme copale, la gomme arabique qui se traiteraau nord du Niger sur les confins du Sahara, et les peaux de bœufs qui seront l'objet d'une traite considérable dans la région du Niger, où elles sont actuellement sans valeur; le karité, qui se rencontre en quantité considérable dans les forêts du Soudan.

En estimant à 10 ou 15,000 tonnes l'exportation de ces produits, on ménagera pour l'avenir des surprises agréables.

L'ensemble de ces divers produits contre-balancera en quantités, comme on le voit, les marchandises d'importation dans le transit qui ne sera pas inférieur, au début, à 100,000 tonnes, ce qui nécessitera la circulation journalière de 6 trains de 40 à 50 tonnes.

Si la tonne paye 30 francs entre Maoundé et Carnot-Ville, la recette annuelle du chemin de fer dépassera 3 millions.

La race noire étant réfractaire aux idées de progrès avancé, nous n'aurons pas à redouter en Afrique la concurrence industrielle qui nous ferme peu à peu les marchés que nous alimentions dans le monde; les pays lointains en effet créent hâtivement leur industrie, et s'entourent d'une protection douanière : les marchés africains nous sont eux-mêmes fermés par les nations qui les ont fait rentrer dans leur zone d'influence et veulent les réserver à leur industrie nationale.

Félicitons-nous donc de la prévoyance de nos hommes d'État, qui ont su nous conserver en partage d'immenses régions africaines, et réserver à notre industrie des marchés qui la sauveront peut-être du chômage.

FIN

TABLE DES MATIÈRES

LA CASAMANCE

LA MELLACORÉE

FIN DE LA TABLE DES MATIÈRES

Sceaux. — Imp. Charaire et Cie.

Sceaux. — Imp. Charaire et Cie

www.ingramcontent.com/pod-product-compliance
Ingram Content Group UK Ltd.
Pitfield, Milton Keynes, MK11 3LW, UK
UKHW021231230726
13926UKWH00003B/1374

9 782019 156121